KB269722

초보도 따라 하기 쉬운 즐거운 달리기 프로젝트

마라톤 1년차

다카기 나오코 글·그림

살림

안녕하세요? 다카기 나오코입니다.
먼저 제 스포츠 역사를 간단하게 돌아보면요…
어렸을 때는 굳이 말하자면 왈가닥이긴 했지만…
악~!
쿵
엄마
공중제비
중·고등학교 6년 동안 테니스부에 소속되긴 했지만 전혀 활약하지 못했고….
어머나!
늘 1회전에서 탈락.
운동은 확실히 잘 못했거든요.
운동회
1학년 달리기
늘 꼴찌
부모님
나오코…
와
이래서는 안 되겠다 싶어 스포츠클럽에 등록했지만 오래 하지 못하고…
자, 왼쪽으로 킥하고 위쪽 보고 포즈!
재즈댄스를 영 따라 하지 못하는 모습.
더듬
더듬
게다가 사회인이 되고부터는 아예 스포츠와 인연이 없어졌죠.
일러스트레이터로 취직
움직이는 건 오른손 뿐

매우매우 운동부족 이에요.
침대에서 작업 책상까지 10초
뒹굴
후~.
그리고 내키는 대로 휴식.
데스크 작업인 데다가 요즘은 집에서 일해서 출퇴근도 안 하니…
일단 4년 동안 계속했어요.
지금은 한 달에 두 번 정도 태극권 교실에 다니고는 있지만…
덩실
덩실
아~ 가끔씩 운동하면서 맘껏 땀 흘리고 싶어.
요새 체지방도 늘었고~.
데굴
데굴
데굴
어제도 오늘도 집에서 한 발자국도 안 나갔네.
아무래도 뭔가 운동을 해야 하는데~.
퍼뜩
도쿄 마라톤 ….
와
와
도쿄 마라톤
지금 일제히 출발했습니다!
응?
마침 텔레비전 에서 나오던 게
…하고 있는데 그때
혼자서도 편하게 할 수 있는 스포츠는 없을까나?
Wii라도 살까?
와
버둥
끄또

완주할 거야~!
마라톤은 처음이지만 열심히 하겠습니다!

익숙했던 도쿄의 길거리 에서…
3만 명이 신주쿠를 달려서 빠져나갑니다!
수많은 주자들이 달리는데…
와
와

…라고 생각한 것입니다.
그래, 나도 달려보자!
와
와
와

마라톤 같은 건 그때까지 특별히 해보고 싶은 적도 없었는데…
왠지 즐겁게 달리는 사람들의 모습을 보는 사이에…
……
간자가 보입니다!
힘내
와

이리하여 2008년 봄 마라톤을 시작하게 되었습니다.
어? 그럼 둘이서 같이 마라톤 할래?!
하자, 하자♡
꺄~
2인 마라톤 동호회?!

그리고 그것을 아무 생각 없이 친구한테 말했는데…
어, 진짜?! 사실 나도 마라톤 해보고 싶었거든!
나 말이야 마라톤을 시작할까 해~.
노리코 씨

차례

다카기 나오코(작가)

일상생활에서 달릴 때는 전철을 탈 때 뿐인
맘 편한 일러스트레이터.

노리코 씨

작가의 알바 시절부터 친구로, 성실하고 냉정하지만
가끔씩 아가씨 모드로 돌변.

가토 씨

1년의 절반을 탱크톱을 입고 지내는
수수께끼의 대식가 편집자.

긴 선생님

상냥하게 웃는 얼굴 뒤에 단련된 열정을
담고 있는 카리스마 마라톤 코치.

START
プロ

일단 달려보자

ART SPORTS
ART SPORTS 히비야점
먼저 형식부터 시작하는 것도 중요하지~.
그렇지
그래서 인터넷으로 조사해서 러닝 상품을 파는 가게에 갔다 왔어요.
신발은 보통 운동화면 되나?
그냥 잠잘 때 입는 옷
달릴 때 입을 옷이 없어.
이러 저러해서 둘이서 마라톤을 시작 하기로 했지만….
그쪽은 상급자용 입니다.
예?!
이 신발 완전 가벼워~.
이 디자인 예쁜데~.
러닝화
짜잔~
어서 오세요!
와아♡ 운동화가 엄청 많다!
스캐너 비슷한 것
그리고 나서 가게에 있는 기계로 발 사이즈를 측정하고 ….
위~잉
물론 일단 초급 운동화 부터~.
응
바닥이 얇고 가벼워 스피드를 내기 좋다.
상급자용
바닥이 두껍고 쿠션이 좋아 충격에서 발을 보호한다.
초급자용
그 중간
중급자용
원래 러닝화는 레벨에 따라 모양새가 상당히 다른데….

그럼 난 이걸로 할래.
어, 벌써 결정했어?
자... 잠깐만 기다려 봐.
손님께선 보통 사람들보다 발볼이 좁아서 맞는 것이 이 두 종류 정도예요.
노리코 씨 경우엔…
=두 종류뿐?!
손님한테 맞는 신발은 이런 것들이네요~.
나에게 맞는 운동화가 좁혀 졌어요.
원피스 타입도 있어♡
대단해~ 러닝 스커트라는 게 있구나♡
줄여서 런스커래.
요즘 옷은 멋지다~.
런스커 코너
봄의 러닝 웨어
신제품
여러 가지를 판다~!
우와-
Lady's
이렇게 신발을 정하고 다음은 옷 코너로 갔어요.
ART SPORTS
으헤헤 온통 새것-.
이 가게에는 샤워실이 딸린 라커 룸 같은 게 있었기 때문에 그대로 조깅 하러 나가보기로 했어요.
되겠지...
이… 이거면 될까?
촌스러운 두 사람…
그렇게 말했지만 초급자답게 먼저 촌스러운 의상을 구비하고 ….

일왕궁 주변은 러닝 코스로 인기가 높아서 이날도 달리는 사람들이 많았어요.
조, 좋아… 우리도 힘내자.
으응….
팍 팍
일왕궁
그래서 간 곳은 가게에서 가까운 이곳.
나 잠깐 걸어갈 테니까 먼저 가.
비틀…
정말 힘들어
으앙~
한 바퀴가 5km인 길은 생각보다도 길고 험했어요.
끝이 아직도 멀었나?
하악…
헉…
헉…
둘이 이렇게 신나서 달리기 시작 했지만…
자아, 간다~!
와―
팍
달린 후라서 더 맛있다♡
하아
군처의 독일 맥주 떡
푸하~ 맥주 짱~!
둘 다 맥주 완전 좋아함♥
ART SPORTS
목이 완전 말랐기 때문에 뒤풀이는 맥주로♡
SPORTS
겨… 겨우 끝났다.
헥
헥
헥
헥
40분쯤 걸려서 어떻게든 한 바퀴를 다 뛰었어요.

호… 호놀룰루 마라톤?! 하와이?!

언젠가 하와이의 호놀룰루 마라톤에 나가보는 게 꿈이야♡

아하하

레레레

푸
합

그래~ 난 사실은…

시골 시골

오늘은 엄청 비실비실했지만, 모처럼 용품도 다 갖췄으니 앞으로도 같이 열심히 하자!

어, 진짜?!

좋아좋아! 나도 호놀룰루에서 뛰고 싶어♡

풀 마라톤 인데?!

하와이 가고 싶어♡

우리 함께 그걸 목표로 하자♡

동경하는

하와이 항로

하와이 여행을 축하해요!

알로하~

퀴즈

알로롱~ 알로롱~

하와이는 옛날부터 동경하던 곳.

하와이…♡

두 사람의 마라톤 열기는 더욱 높아져 가는가 싶었는데….

무사히 찾았어요.

어머? 다카기야, 오늘 산 짐은?

앗~?!

ART SPORTS

아까 가게에 다 놓고 왔어~!

이렇게 해서 목표는 드높고…

꺄~♡

아하하

왠지 설레기 시작했어!

좋았어! 그럼 목표는 호놀룰루 풀 마라톤 완주다!

점점 취하기 시작함.

게다가 좀처럼 낫지도 않고….
나도 온몸이 아파~!
회사 가는 것도 힘들어~!
벌써 사흘이나 지났는데!
그것은 노리코 씨도 마찬가지였다는….
엄청난 근육통…!
아… 아야…!
찌릿
찌릿
찌릿
아 야야….
다음 날 찾아온 것은
나도~ 요새 무릎도 아프기 시작한 것 같아~.
으앙~ 또 아파!
찌릿
히익~
찌릿
아우, 싫다~
또다시 엄청난 근육통이…!
야
겨우 나았을 때 다시 달려보긴 했는데…
집 근처
이렇게 해서 전 서점으로 마라톤 입문서를 사러 갔답니다.
스포츠 코너
연습법 이라….
으음…
생각해봤는데 말이야, 어쩌면 우리 연습법이 틀린 게 아닐까?
왠지 뛰는 게 힘들어서 좌절할 것 같아.

처음 산 러닝 웨어

재봉을
좋아하는
노리코 씨가
만들어준

짜잔!

마이 러닝 백

원숭이 무늬

촌스러워요….

잔뜩 들어가요

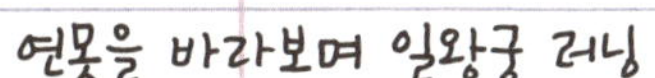

Photo Gallery

정원이 가장
미는 러닝 양말

첫 러닝화

연못을 바라보며 일왕궁 러닝

…후에 빨려 들어간
독일 맥주 펍

이 가게에 산 물건을 죄다 놓고 왔어요.

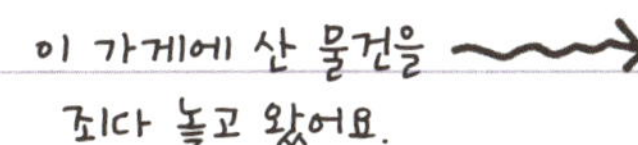

보통 운동 부족인 사람이 갑자기 달리면 부상을 당할 우려도 있습니다.
30분을 달리려면 먼저 30분을 걸을 수 있는 체력을 기르는 것이 중요하다나요.
…이란 얘기가 쓰여 있었어요.
뭐라고라? 초심자는 먼저 워킹부터 시작하라고?!
마라톤 입문서를 사서 읽어 보니까…
마라톤 입문
BOOKS
그래서 일단 집 근처에서 30분 걸어 보기로 했어요.
야
그래, 역시 먼저 워킹이구나~.
내가 사 온 책에도 먼저 걸으라고 나와 있어~.
전 우습게 생각했는데요….
뭐 30분 정도는 여유롭게 걸을 수 있겠지~.
하하…
하지만 아무리 운동 부족이라고 해도 쇼핑 등으로 하루 종일 돌아다닐 때도 있고…
책에 쓰여 있던 걸을 때의 자세 포인트는 이런 느낌이에요.
머리는 몸의 가운데에
팔을 흔든다
등을 곧게 편다
뒤꿈치부터 착지한다
가능하면 빠른 걸음으로
착
착

이렇게 자신의 체력이
얼마나 형편없는지를
깨닫고 쇼크를 받은
저는…

두둥

크, 큰일 났네.
나란 사람은
달리기는커녕
걸을 체력조차
없었어….

웬일로
30분을 다
걷지
못했어요.

아, 안 돼…
잠깐 휴식.

논스톱으로
계속
걷는 것은
생각보다
힘들었어요.

혁

혁

20분 후…

요새 회사에
다닐 때
두세 정거장 정도
걸어.

통근 워킹

한편
그 무렵
노리코
씨도…

옆 동네에
맛있는 빵집이
있어♥

심부름 워킹

빵

평상시보다
살짝
멀리까지…

일하는 사이에…

숨 돌리기로
동네 워킹

그날부터
당분간
워킹을
계속하기로
했어요.

하지만 나는
근력운동을
진짜 싫어하는
여자.

으~
으~

근력운동 같은 걸
하려고 하는 그림

꿀
꺽…

근력운동….

그리고 근력운동을
해서 기초체력을
올리자….

또 마라톤
책에 쓰여
있는 것이…

라~.

와작

와작

마라톤
입문

사실은 나도…
!!
하지만 좀 무리하다가 무릎을 다쳐서 지금은 쉬고 있어~.
나도 작년에 풀 마라톤 뛰었어~.
나도 취미로 마라톤 하고 있어~.
상당히 많음
와~!
그 무렵 주변에 마라톤을 한다는 사람이 몇 명인가 나타 났지만…
훅
부욱
일단 무릎의 근력을 단련한다는 스쾃만은 성실하게 하기로 하고…
살짝 무서워진 나는…
무릎은 한번 다치면
완치가 상당히 힘들어서~.
오싹
그런 이야기도 심심찮게 듣기도 하고…
위 잉~
쿵 쿵
드라이어를 쓸 때는 발 구르기 운동하기
치카 치카
뒤꿈치를 들었다 놓았다 하기
이를 닦을 때는
엘리베이터
알아서 계단 사용
후~
일상생활 속에 되도록 운동을 집어넣기로 마음 먹었어요.
…등등 나만의 룰을 설정함.

이렇게 되어…
러닝 재개~!
경축
와~
모처럼이라
노리코 씨도 함께
바탕은
익혔다!

이제 엄청
계속 걸을 수
있게 된 것
같은 기분이
들어!
좋아!
그렇게
생활한 지
약 3주일.

이렇게
몸도
풀렸을 때
준비~
시작!
야~

하는 걸
완전히 까먹고
있었네~.
그러고 보니
체육 수업 전에도
반드시 준비운동을
하라고 했지.
맞다,
그전에
잊어서는
안 되는 게
달리기 전의
준비운동.
의
원
빠직
근육을 늘리고 데웁니다.
책에 반드시
하라고
쓰여 있었음

헥…
헥…
헥…
워킹으로
단련했다곤
해도 역시
달리기는
숨이
차지만요.

등은 꼿꼿한가?
발꿈치가 제대로
착지하고 있어?
내…
내 자세가
어떨까나?
으음…
잘
모르
겠어.
달릴 때의
자세도
워킹 때와
마찬가지로
포인트에
신경을
써요.
서로 확인
하기도 하고

이렇게 전후에
운동함으로써
몸에 걸리는
부담이 상당히
달라진다나요.

스트레칭

잠시 걸으면서
호흡을 가다듬은 후에…

후~

그러고 나서
달린 후의
정리운동도
잊지 않고
했어요.

골!

육의원

어떻게든
30분 동안
달릴 수가
있었어요.

수고 많았어!

BEER

BEER

온천
왕좋아

깔끔하게
땀을 씻어
낸 후에…

그 후에
근처
온천에
가서…

도쿄사쿠라이온천

Sakura

와~

어땠을까?
우리 조금
늘었을까?

…뭐 지금까지는
지난번에 달렸을
때랑 거의
비슷한데….

속다…

진짜 이 한 잔을
위해 달린다고
해도 과언이
아니야!

정말 맛있어

꿀꺽
꿀꺽

역시
달린 다음엔
맥주가
최고야!

캬
~

BEER

BEER

오늘은 그만큼 아프지 않아!
조금은 아프지만!
와아아…
전에 달렸을 때엔 아침부터 온몸 여기저기가 아팠는데…
그것을 실감했던 것은 다음 날.
우와아~?!
둘이서 기쁨을 함께 나누고.
지금까지 근육통이 힘들었기 때문에 정말 좋아!
그치그치?
나도 전에 비해서 정말 안 아파~.
살짝 아픈 정도~
그리고 그건 노리코 씨도 마찬가지였던 듯.
응응~.
진취적인 예감도 들었답니다.
왠지 앞으로도 계속 달릴 수 있을 것 같은…
…라고는 해도 목표로 하는 풀 마라톤으로 가는 기~인 길의 스타트라인에 겨우 서게 된 거지요.
해냈다! 마침내 평범하게 달릴 수 있는 몸이 되었다!
우하하 하하하!

런런 일지
멋진 선글라스
런드레스
라는 것도 있음
런스커
러닝 스커트도 예쁘다...
언젠간 나도...
미조거'라고 한다나 봐요.
멋을 낸 군사한 여성 주자들
허걱~
하지만 입어봤더니 너무나 안 어울려서...
조금 더 몸이 자리 잡고 나면요 ♡
생생
근육은 조금 더 붙었으면...
달려서 체중은 빼고 싶지만...
출렁
티셔츠도 그냥 티셔츠가 아니라 땀이 금방 마르는 드라이 소재라나.
심박수를 잴 수 있는 러닝 워치.
여러 가지 기능
비쌈
근육이 움직이기 쉬운 타이츠라든지...
편할 것 같은 속옷
스포츠 폽에는 신기한 것이 잔뜩 있어요!
정신을 놓고 있으면 재산 탕진
10000
10000
← 지갑
미끄럼 방지 부착
발을 보호하는 양말...

좋아, 은행과 세탁소에 가는 김에 뛰는 거야!
앗, 서점에도 들를까? ♡
심부름 달리기도 시험 한다….
뻑 뻑
선생님
헉~
계속 이런 식으로 달렸기 때문에…
아장 아장
아무리 봐도 그냥 급한 일이 있는 사람….
헉
하지만 짐을 들고 뛰면…
세탁소
앗, 왠지 나 좀 프로 같지 않아?
● 등을 편다
● 팔을 흔든다
● 뒤꿈치부터 착지
…하고 생각했어요.
라는 걸 신경 쓴 것만으로…
번쩍
수상한 놈인데.
하악… 하악…
은행까지 달렸더니 ATM 앞에서 땀이 멈추지 않는 사람.
완전 초짜구먼.
뻑 뻑
으헤헤…
이 닦으면서 스쾃 하는 나…
치카 치카
누구에게도 보여주기 추한…
데굴
달린 후의 쪽잠은
또 각별해요…♡

입을 게
없을 때가
빨 때.
나는
세탁물을
모아두는
타입인데요.
으쌰
으쌰
러닝을
하러 가면
땅을
흘리니까
땀 흘림
티셔츠도
바지도 다
질척거려~.
으헤~
땀이
끝내준다.
질척
질척
뛰기
시작해서
좋았던
점인 것
같아요.
조금씩
빨래하게
됐어요.

큰맘 먹고 첫 마라톤 대회에 출전해보기로 했어요.
힘을 시험해보기 위해 일단 대회에 나가보자!
이렇게 해서…
하지만 그냥 묵묵히 달리기만 하면 재미없는 것 같고….
이러쿵저러쿵해서 어쨌든 달릴 수 있는 몸이 되긴 했는데요.
멍~
와~ 양배추 밭에서 뛰는 것도 있네.
호수를 한 바퀴 도는 마라톤에…
오오~ 앵두 마라톤에 수박 마라톤.
그리고 실제로 여러 가지 대회가 매주 어딘가에서 열린다는 것을 알았어요.
타탁
타탁
재밌겠다….
여러 대회를 검색 & 출전 신청할 수 있음
일본 최대! 달리는 동료들의 웹사이트
RUNNET
대회 검색
와~ 런넷….
어떤 대회가 있는지 전혀 몰랐는데, 인터넷으로 검색하다 이런 사이트를 발견했어요.
이렇게 해서 경사스럽게도 마라톤 책 출판& 마라톤 동료 1명 추가가 결정됐어요♡
담당인 저도 좋은 기회니까 같이 마라톤에 도전할게요!
우와~
우와~
네? 나 같은 사람이 그래도 돼요?!
다카기 씨, 마라톤을 시작하셨다고요? 생각 있으시면 그 내용을 책으로 써보시겠어요?
그 무렵 이런 이야기도 들었거든요.
#
마라톤 도전 책
미디어팩토리 가토 씨

앗, 안녕하세요?
대회 당일 아침.
짝
짜잔~
!!
새 멤버도 추가된 기념으로 세 명이 가깝고 참가비도 무료인 대회의 5km부에 출전해보기로 했어요.
AJINOMOTO STADIUM
마뉴라이프 채러티 런 데이 2008
두근 두근
시끌 시끌
먼저 저기서 접수해야죠~.
우… 상당히 강력할 것 같은 새 멤버네.
다리도 길고… 젊고….
덧붙여서 내 입장에서
두 사람은 이래요.
6살 아래
6살 위
예에~ 선글라스까지 샀어요~♪
가토 씨도 의상을 한 벌 싹 마련하셨네요~.
엄청 어울린다….
와~ 멋있다~.
짝
개회식
♪
국민체조 시작!
분장한 사람이 있어~!
이거 봐~.
번호표 받았다~!
5km 접수
첫 대회는 뭐든지 다 신선 했어요!
아하하, 운동회 같아!
4649
1192
5963
5963
4649
와~

지방 방송국 →
앗! 저런 데서 방송국 인터뷰하고 있어!
어라~ 가토 씨는?
하아~ 아무래도 긴장된다.
두근
5963
69
5km부 출발 위치에 서주세요.
그리고 스타트 시간.
두근
두근
탕
와~
와~
4649
5963
그럼 골인 지점에서 만나!
이렇게 해서 모두 준비~ 땅!
아니, 아마 달리는 건 오늘이 처음이라고 했던 것 같은데…
그냥 막 해버린다고….
글쎄요~
시끌 … 시끌
오늘의 포부는요~?
대단해~ 왠지 베테랑 선수 같아♡
70대 후반은 된 듯했던 여성 ↓
7080
하지만 상당히 빠르게 치고 나갔음.
상당히 연령이 높으신 분도 있는 게 놀라웠어요.
힘내~
910
1013
다다다
으… 다들 빠르다.
STADIUM
새삼 주위를 둘러보자 참가자는 남녀노소 여러 사람들이 있었고…

쿨럭
제대로 사레 들림
5963
그런데 벌컥벌컥 마셨더니…
잘 먹을 게요~.
삭
와~ 이거 한번 해보고 싶었어~.
열심히 뛰세요~.
드세요~
급수소다!
그리고 코스 도중에는…
앗
그런 물 마시기도 처음으로 체험하면서 길을 가다 보니
달리면서 마시는 건 힘들구나.
진짜~ 확실히 이렇게 하니까 더 먹기 쉽네.
찔끔
찔끔
63
컵을 조금 찌그러뜨려서 뾰족하게 만들면 마시기 쉬워요!
쿨럭
쿨럭
쿨럭
531
쾅
쾅
혁
5km 라는 게 이렇게 멀었던가~.
두 번째 급수
596
아직 한참 멀고….
양~ 도착 지점은 아직도 멀었어?
반환점
59
도착 지점도 멀고…
크… 큰일 났다, 지쳤어….
거리감이나 페이스 배분 같은 걸 잘 모르겠기도 하고….
혁
5963

브라보
NAOKO
와
와
우
와
와
506
다카기
선수가
지금
들어왔습
니다!
헉…
헉…
와
나의 머릿속 이미지
5963
골
이렇게 해서
드디어
도착 지점에
도착했을
때엔 혼자서
대감동!
도착 지점은 이 안
STADIUM
앗!
드디어
스타디움에
들어간다!

건배
BEER
BEER
BEER
군처 패밀리
레스토랑에서
하지만
그 후엔
힘차게
뒤풀이♡
이땐
금방
일어설 수
없을
정도로
녹초 상태.
골
와
와
다카기야~.
헤롱
헤롱
아…
노리코 씨…
가토 씨….
사실은
달리기가
끝난 후엔
스트레칭을
하는 게
좋은데
…

축♥완주
덧붙여 셋 중에서
순위는…
①
②
③
30분
쯤…
아마
이었어요.
무사히
셋 다
골인
한 게
무엇보다
기뻤던
첫 대회
였답니다.
이 대회에서는
특별히
타임 측정
같은 게 없고
순위도
나오지
않았지만…
죄송한데 맥주랑
닭튀김 3접시,
감자튀김하고
야키소바 2접시,
카레 돈가스
곱빼기요~!
어쩐지
클럽 활동하고
집에 가는 길
같아~.
후~!
맥주가
맛있네요!
가토 씨
식욕이
엄청나네요.

이날
날씨
좋음!

AJINOMOTO. STADIUM
AJINOMOTO. STADIUM
Main Gate

출발과
도착 지점이
있는
스타디움.

Photo
Gallery

두근두근…
첫 대회를 맞이합니다.

다들 힘내~!

두근두근…
첫 선수
접수….

GO

쿠~우

5km부예요~.

쓰러져도
괜찮다!
구급차도
대기하고
있어요.

뭐… 뭐하는
사람?!

STEP 1
일단 달려보자

런런 일지

우오오오~
골~

평상시엔
내려올 수 없는
스타디움 안에
선 것만으로도...

정말
기뻤어요
♡

축구 선수 흉내

뿅

그런 말이
좋아지는
나이 ♡

졸랑

운동회나
클럽
활동이나...

졸다!

선수
라든지...

5963

번호표
라든지...

곧 출발 1분 전~.

두근

꺄~

두근

긴장해서
지릴 것 같은
사람

풀 마라톤인
경우
10,000엔
정도 할
때도
있어요.

보통
3,000엔
정도.

이 대회는
마침 무료였지만
보통은 참가비가
있어요.

마라톤
대회

하지만
참가상도
받을 수
있음.

보통

티셔츠나
파우치 같은
여러 가지
♡

오리지널 굿즈

다행이었죠~.

으헤헤
....

셋 다
맥주를
좋아해서

쿨럭   쿨럭

달리면서
마시는
연습...

...도
하는 게
나으려나.

대회 다음 날은
역시 근육통.

풀 마라톤은
이것의 8배 넘게
달리는 거야?!
허걱~!

그 사람을 페이스메이커로 삼는 것도 좋은 방법입니다.
아, 저 사람을 따라가자!
레이스 중에는 자기와 비슷한 속도의 사람을 찾아서...
이쪽 여자로 갈아타자.
안 돼... 저 사람은 너무 빨라....
헉... 헉...
잠깐만... 날 두고 가지 마~
아... 이 사람도 상당히 빨라....
헉
이렇게 난 차례차례로 페이스메이커를 갈아탄다죠.
할아버지~
안 되겠어... 이쪽 할아버지로 갈아타자....
헉...
?

달리는 즐거움을 발견하자

맞아요.
풀 마라톤을
목표로 하고
있어요~.
다카기 씨,
마라톤을
시작하셨다
면서요~.
천천히
오래 걷는
등산은
마라톤
트레이닝
으로도
무척
효과적
이라는
데요.
다카오 산
도쿄의 서쪽에
있는
부담 없는 산
표고
599m
좀 더
지구력을
기르려고
등산을
가기로
했어요.
아 하 하
러닝 웨어 입고 등산하고 있는 나
헉…
헉…
아는 사이인 뮤지션
앗,
네~.
꿀
꺽
저쪽에
신주쿠 빌딩 숲이
보이지 않아요?
날씨가 참
좋네요.
멀리까지
잘 보여요.
헉… 헉…
상당히
올라왔네요~.
거의
정상
덥다
이 8배
정도구나~.
음~
5km
뛰었을
때도…
8시간 정도
걸려야
골인할 수
있대~.
풀 마라톤
이란 건
빠른
속도로
걸어도
지금까지
풀 마라톤의
거리를
얼마 정도
의식한 적은
있었지만…
예?!
여기에서
저기 정도까지가
대략 풀 마라톤
거리예요.
푸
핫
42.195km

몹시
충격적이라···

실제로
그 거리를
눈으로
보니까

이 거리를
뛰려고
하는 거야?

어?
나···

그런
생각을
하기도
하면서
···.

뭐 하지만···
조금씩 뛸 수 있는
거리를 늘려가면
분명히 괜찮을 거야.

음···

징~~

파스

왜 그러세요?

바람

살짝
머리가
어질어질
했어요.

후들
···

Nike + iPod

그래서
큰맘 먹고
이런
아이템을
구입
했어요.

MENU

Sport Kit
(3400엔)

iPod
nano

하지만
달리고
있어도
별로 잘
알 수가 없는
것이
달린 거리.

지금
어느 정도
뛰었지?

5km
정도?

그
후에도
길에서
달리기.

헉···

헉···

와~ 이게 소문난 아이팟이구나, 작다~.
설렘 설렘
아이팟도 처음인 나
물론 음악도 들으면서 달린다는 멋진 물건.
음성 안내도 들어감
3km 통과 했습니다.
센서 in
나이키+ 대응 슈즈에는 센서를 집어넣는 구멍이 달려 있음
거리가 표시됨
3.0 km
리시버 in
※ 대응 슈즈가 아니라도 신발끈에 붙여도 됨.
이건 슈즈에 붙인 센서와 아이팟에 붙인 리시버로 거리 등을 계측하면서 뛸 수 있는 건데…
근처 공원에서 달릴 때 이걸 쓰기로 했어요.
공원
공원까지는 워밍업 삼아 도보 10분
위험해~
부웅
왈 왈
여러 가지 위험 음을 못 들을 것 같아서…
하지만 소심한 저는 길거리에서 음악을 들으면서 달리는 게 무서웠기 때문에…
수풀 속에서 음악을 들으며 달리는 것은 역시 기분이 좋고…
나 말고 달리는 사람도 있음
옷 200m
300 m
같은 곳을 뱅뱅 도는 느낌이긴 하지만…
워크아웃을 시작합니다.
이곳 공원에는 한 바퀴가 약 600m인 조깅 코스가 있어서…
조깅 코스
와~

4km를 27분 45초에 달렸어!

시원하게 피니시!

헉…

헉…

하지만 듣고 있는 것은 80년대 애니메이션 노래

반짝

반짝

어쩐지 내 자신이 무척 산뜻한 사람이 된 것 같은 기분 이라….

초보자인 나의 동기 부여를 높여 주기에는 충분한 아이템 이었어요.

좋아! 다음엔 좀 더 빨리 달리고 말겠어~!

이게 어느 정도로 정확한 수치 인지는 잘 모르 지만…

Runs

2 km
6'14'/km

페이스

거리

4.02 km

My Runs   Challenges   Community   Gear & Music   Support

이렇게 계측한 기록을 컴퓨터에 연결하면 더욱 상세하게 해석할 수도 있고…

우와~ 후반에는 점점 페이스가 떨어졌구나~.

차

아하항~

돌아와서 바로 샤워로 땀을 씻어냈을 때 벌어진 일.

후~

광

그리고 그 후에도 아이팟과 함께 달리기를 하러 나갔다가…

공원 달리기도 마음에 들었어.

바지 주머니에 넣어둔 아이팟까지 같이 세탁해버린 거예요.
꺅! 아이팟까지 빨아 버렸어~!
응? 어쩐지 이상한 소리가…?
덜컹
덜컹
헉!
벗어던진 옷을 바로 세탁기에 넣었더니…
물에 푹 젖은 아이팟은 물론 전원이 들어오지 않았고…
으허어~.
조웅…
달각…
달각…
필사적으로 말려보긴 했지만…
완전히 망가졌어….
아… 안 돼….
달각…
달각…
달각…
달각…
드라이어
이렇게 해서 구입한 지 고작 열흘 만에 수리점으로.
이건 이미 수리가 아니라 교환하셔야 해서 비용은 15,000엔 입니다.
딩딩
막 사셨는데 안타깝지만…
5000
10000
달각
달각
Apple Store
그렇게 정신 놓고 있다가 뼈아픈 비용을 지불하기도 했지만…
앞으로도 아이팟과 함께 열심히 해볼랍니다.
으으… 난 바보야….
실질적으로 두 개째

와, 멋진 집이다~.
동네에서 뱅뱅 돌며 뛰어보는 것도 재밌어요.
이런 집에 살아보고 싶다~.
오, 이런 데에 예쁜 카페가 있네!
몰랐어~
이거 커다란 발견인데
어… 어라? 어디로 가야 되는 거지?
어질
어질
하지만 너무 무턱대고 달리다 보면…
우리 집이 어디야~?
허걱~ 이제 돌아가고 싶은데 돌아갈 수가 없어~.
이건 뭐 단순한 달리기 미아.

하코네역전을 비롯한 수많은 대회에서 활약한 후에 현재는 코치와 해설자로서 폭넓게 활약 중.
긴 데쓰히코 씨
그래서 프로 러닝 코치인 긴 데쓰히코 씨에게 부탁하게 됐어요.
하는 제안이 있어서…
한번 프로한테 달리는 자세 같은 걸 봐달라고 할까요?
가토 씨 한테서…
책도 만들 거니까
준비 운동을 한 후에 먼저 자세 체크를 해주셨는데요.
그렇군요~.
으음….
두구
헉~
두구
두두두
그리고 영광스럽게도 긴 선생님과 함께 일왕궁 달리기를 하게 됐어요.
잘 부탁드립니다!
열심히 합시다!
두구
두구
긴장~
견갑골을 꾹 당기는 느낌으로~.
하지만 팔은 그냥 흔드는 게 아니라 좀 더 이렇게 팔꿈치를 뒤로 당기는 느낌이 좋아요.
팔꿈치는 몸의 앞으로는 거의 나오지 않습니다.
쑥
그… 그런가요?
팔도 흔들고 있고 착지도 뒤꿈치부터 되고 막 달리기 시작한 것치고는 상당히 괜찮아요!
에헤헤…
책 보고 공부했거든요!

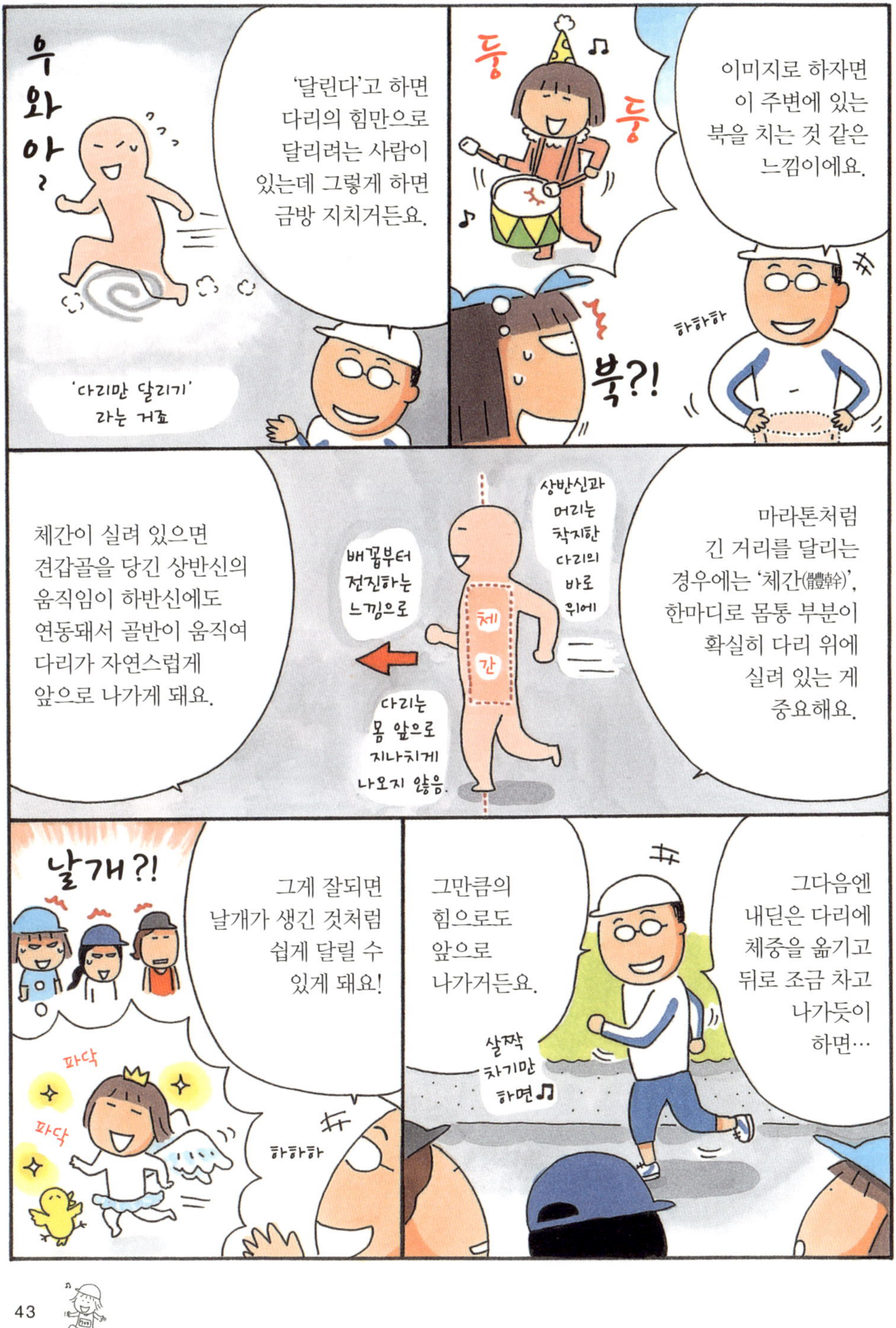

우와앗
'다리만 달리기' 라는 거죠
'달린다'고 하면 다리의 힘만으로 달리려는 사람이 있는데 그렇게 하면 금방 지치거든요.
둥
둥
북?!
하하하
이미지로 하자면 이 주변에 있는 북을 치는 것 같은 느낌이에요.

체간이 실려 있으면 견갑골을 당긴 상반신의 움직임이 하반신에도 연동돼서 골반이 움직여 다리가 자연스럽게 앞으로 나가게 돼요.
배꼽부터 전진하는 느낌으로
상반신과 머리는 착지한 다리의 바로 위에
체간
다리는 몸 앞으로 지나치게 나오지 않음.
마라톤처럼 긴 거리를 달리는 경우에는 '체간(體幹)', 한마디로 몸통 부분이 확실히 다리 위에 실려 있는 게 중요해요.

날개?!
파닥
파닥
그게 잘되면 날개가 생긴 것처럼 쉽게 달릴 수 있게 돼요!
하하하
그만큼의 힘으로도 앞으로 나가거든요.
살짝 차기만 하면
그다음엔 내딛은 다리에 체중을 옮기고 뒤로 조금 차고 나가듯이 하면…

연습할 때엔 그렇게 빨리 달리지 않아도 돼요.
예?!
앗, 다카기 씨.
칭찬을 받아서 힘이 났음.
시선은 곧바로 앞~.
우와~ 자세가 깨끗해
그리고 배운 걸 생각하면서 일왕궁 달리기 시작.
빨리 달리는 것보다 천천히 달리더라도 시간을 길게 해서 달려야 더 힘이 붙어요.
이렇게 평범하게 얘기하면서 달릴 수 있는 그런 스피드로 하면 돼요.
헉…
헉…
숨이 차거나 힘들어지는 건 자신의 힘보다 너무 빨리 달려서 그래요.
어이쿠, 실례합니다.
그런데 그때…
그렇구나~.
아~
I시간 동안 뛰어야지~.
시간을 정해놓으면 서둘러도 어쩔 수 없으니까 마음도 편하잖아요.
으아~ 10km 달릴 거야~.
거리를 정하면 빨리 마치려고 나도 모르게 서두르게 되는데…
그래서 지쳐서 안 하게 되기 쉬워요.
평소 연습 때도 거리보다 시간을 정하고 달리는 게 나아요.

게다가 휴대폰으로 검색도 하고….
탁
※ 긴 선생님이니까 가능한 일입니다.
아까 말한 대로 정말로 달리면서 아무렇지 않게 일 얘기를 시작하는 긴 선생님.
원고 수정요? 그럼 죄송한데 사무실로 보내주시겠어요?
상대 사람은 선생님이 지금 달리는 걸 모를 거야.
하하하
여보세요… 앗, 항상 고맙습니다.
오늘 이다음에 갈 가게를 찾아 주셨어요.
모처럼 나왔으니
하하하
그럼 마지막에 살짝 맥주가 맛있어지도록 달리는 방법을 써볼까요♡
예?
아무리 천천히 달린다고 해도 진짜 여유 있다….
여기는 어떨까요? 얼마 전에 텔레비전에서 소개됐는데 맛있을 것 같았어요.
좋아요~
통! 통! 통! 통!
다이내믹하게!
나이 먹을 만큼 먹은 어른 넷이서 껑충거리는 그림.
팔을 크게 흔들고!
자, 크게 껑충거리며 뛰기!

자, 힘을 먼저 뺀 상태 그대로…
천천히 스피드를 올리고…
타닥
타닥
그럼 마지막으로 서서히 스피드를 올리고 다시 서서히 스피드를 떨어뜨리는 달리기를 하겠습니다.
네?
혀…
헤로로로롱
혀…
하하하, 괜찮으세요?
그리고 다시 천천히 스피드를 떨어뜨리고.
자세를 기울이지 말고 똑바로 둔 채!
다카기 씨, 머리가 앞으로 기울었어요!
혀~
전속력에 가까운 스피드로 잠시 유지!
다 다 다
많았어요~
혀…
수고
마지막이 제대로였어~
혀…
셋 다 오늘도 충분히 땀을 잘 흘렸어요.
까악
이러저러 해서 일왕궁 한 바퀴를 다 마칠 무렵에는 …
와
자, 스피드를 올리고!
다 다 다
두 번이나?!
호흡이 가라앉으면 앞으로 두 번 더 할게요!
이건 '윈드 스프린트' 라고 하는 트레이닝법 이에요.

천천히 뛰는 것 말고 그런 메뉴도 가끔씩 연습에 집어넣으면 더 효과적입니다.
죄송합니다, 맥주 더 주세요~.
저도~
하하하! 마지막 걸로 땀을 확 내니까 맥주가 맛있죠?
カァ
그리고 그 후엔 물론 뒤풀이 맥주로 건배!
만날 이래서 죄송합니다….
하하하
뭐, 결코 단거리 체질은 아니니까~.
와
이미 듣고 있지 않다
예~ 어쩐지 근육 같은 게 잘 지치지 않고 오래 달릴 수 있는 타입이에요.
와~ 다카기 좋겠다!
오늘의 달리기를 보니 다카기 씨는 무척 장거리에 맞을지도 모르겠어요.
와, 정말요?
연습 내용에 대해 자세한 내용은 긴 선생님의 책을 보세요.
잔뜩 나와요
제간 러닝
감사했습니다~!
또 같이 달려요!
무척 알차고 즐거운 트레이닝을 체험할 수 있었어요.
나는 장거리에 맞아.
연습은 조금 더 천천히 뛰어도 된다….
쿠후후
이렇게 해서 고마운 충고를 많이 듣고 왠지 용기가 끓어올라서…

Q.운동을 전반적으로 잘 못하는데 마라톤을 할 수 있을까요?

A.마라톤 같은 장거리 종목은 구기 같은 걸 잘하는, 소위 운동신경이 좋은 사람이 아니더라도 할 수 있는 스포츠입니다. 오히려 다른 운동을 잘 못하는 사람일수록 잘 못하는 만큼 착실하게 할 수 있어서 마라톤에 적합한 경우도 많이 있습니다.

Q.워킹을 얼마나 할 수 있게 되면 뛰어도 되나요?

A. 30분 걸을 수 있게 되면 10분 정도 천천히 뛸 수 있습니다. 먼저 30분 연속해서 빠른 걸음으로 걸을 수 있게 해봅시다.

Q. 운동화와 스포츠웨어를 살 때 주의할 점은 무엇인가요?

A. 자기 사이즈와 달리기 실력 수준에 맞는 것을 선택하는 겁니다. 초심자가 상급자용을 신고 달리면 부상을 입습니다. 사이즈는 뒤꿈치를 확실히 붙들어주고, 발끝에 손가락 하나가 들어갈 정도로 큼직한 것을 고르는 것이 올바른 방법입니다.

Q&A 긴 선생님 가르쳐주세요!

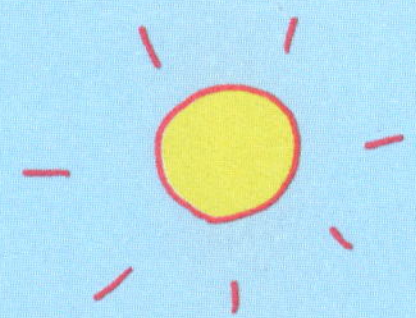

Q. 연습 중에 빨간불 앞에서 멈춰도 되나요?

A. 빨간불일 때에는 멈추지 않으면 위험하니까 꼭 멈추세요. 그 시간은 수십 초니까 스트레칭 같은 걸 하면서 몸을 정돈할 시간으로 삼읍시다.

A. 달리는 자세는 기본이 있습니다. 자기 마음대로 달려도 기본이 틀리지 않으면 괜찮지만 틀린 경우엔 수정할 필요가 있지요. 가장 주의할 점은 곧은 자세를 유지하면서 착지한 다리에 체중이 제대로 실리는지 여부입니다.

Q. 달리는 자세에서 가장 주의할 점은 무엇인가요? 자기 마음대로 달리면 안 돼요?

Q. 쉽게 질리는 성격인데 어떻게 하면 계속할 수 있을까요?

A. 목표를 정하고 연습일지를 확실하게 쓰는 것도 동기부여를 높이는 방법입니다. 또 달릴 때에 휴대용 플레이어로 음악을 들으면서 달리면 쉽게 질리지 않습니다.

런런 일지
무슨 클럽 활동
파이팅
점심시간 샐러리맨
많은 사람이 달리고 있어서...
낮에도 밤에도 안심하고 달릴 수 있어요
밤에도 회사에서 오는 길에 달리는 사람이 많음
장소가 장소이니만큼 경찰관도 많다
(그리고 화장실도 너너함)
연못
일왕궁
도시의 러닝 명소 일왕궁
한 바퀴가 약 5km라 알기 쉬움!
달리는 사람들로 붐비는 대중탕
시끌시끌
달리는 사이에 로커에 짐을 맡길 수도 있어요.
주변에는 뛰는 사람들이 이용할 수 있는 목욕탕이나 샤워시설도 많아서 편리해요.
먼저 재빨리 물이나 스포츠 드링크를 마시는 게 좋아요.
아니... 그렇게 달리고 나서 갑자기 맥주를 먹는 것보단...
참는 건 좋지 않음.
...라는 당연한 판잔을 들었죠.
진보초
유락초
간다
긴자
그리고 달린 후에 맥주를 마실 곳도 주변에 잔뜩!
맥주 마실 때까지 물은 참을까요?
어서 맥주 먹고 싶어~.
목이 탄다...
하악 하악...
긴 선생님과 달린 뒤에도...
하하하
맛있게 마시게!

달리는 건 다리의 역할이잖아~.
다리야, 열심히 해~.
배
앙~ 너네 다 치사해~ 나만 달리게 하고.
지쳤다고~.
이미지 화해서 그림으로 만들면…
이렇게인가?
응?
긴 선생님이 말씀하시는 '날개가 달린 것처럼 뛰기'는 그렇게 금방 습득할 수 없었지만…
엥?
몸 전체를 써야 해요!
그게 아니에요! 달릴 땐
러너즈 스테이션
샤워
헉, 정기 휴일!
CLOSE
긴 선생님과 일왕궁 달리기를 했을 때 근처 샤워시설에 갔는데…
앞으로는 다 함께 힘내자.
미안해, 다리야.
얘들아?
으헤헤~
이제 쓰세요 ♡
처음 보는 사이인데 긴 선생님의 사무실에서 샤워하고 말았어요.
나도 가능한 한 힘을 넣어볼게.
배
나도 흔들리지 않도록 노력 할게! 머리
나도 힘껏 흔들어 볼게. 팔
고마워, 얘들아~
무척 편해. 다리
이런 느낌…?
죄송합니다.
차 드세요.
얏, 다음엔 제가 샤워 할게요.
그림을 기분 나쁘게 그려서 죄송해요.

이런 기분이 들 땐…
아아, 어쩌지? 뛰러 갈까나?
집에서…
버둥
버둥
먼저 집 청소!
좀 격렬한 움직임으로…
야~
정체불명 포즈로
윙~
열심히 했다… 후우…
그렇게 하면 제법 몸도 풀려서…
데워지기 때문에…
이 김에~
그 기세를 빌려서 스타트!
이름하여 집도 치우고 준비운동이 되는 일석이조 달리기.
타닥

현지 마라톤 대회에 나가보자

그저 여행 가는 기분인 사람들
어차피 가는 김에 온천도 가고 싶다~.
명물은 도로로국과 우동!
이건 어떨까요? 시원한 고원을 달리자.
온천의 도시 마라톤
무슨 고원 마라톤
호수 달리기
수박
멜론 마라톤
일본해 마라톤
대회 팸플릿을 여러 가지 가져왔음 (스포츠숍에 있음).
이쪽은 골인 후에 멜론을 서비스로 준대~.
우헤헤…
그래서 어떤 대회에 나갈지 시끌시끌 마라톤 회의를 열었죠.
여름에 여행을 겸해서 좀 멀리 10km 대회에 나가보자!
긴 선생님의 코칭을 받고 더 나아가 다음 스테이지로 가야 하기에…
첫 원정!
아무래도 요새 마라톤이 인기인 영향도 있어서 인기대회는 정원이 이미 꽉 찬 듯.
큰일 났다!
허걱~ 어서 어딘가에 신청을 해야 해!
석양 마라톤
시민 마라톤
트레일런
마라노국 마라톤
삼림 마라톤
라멘 달리기
또 하나 후보로 삼았던 대회도 벌써 마감됐어요!
디딩
어, 어라?! 이미 접수가 마감됐어!
마라톤
정원이 다 찼습니다.
아직 마감 전인데!
그런데 막상 대회에 신청하려고 했더니…
두둥?
닛코 주변 숙소
만실 만실 만실
악~ 여관도 호텔도 다 찼어!
다시 새로운 문제가 생겼죠.
닛코 관광도 할 수 있고~
도쿄에서 가기 쉽고~
온천도 있고~
닛코 상나무 가로수 마라톤 대회
2008년 8월 3일
이걸로 하자!
정원 2,500명
그 후에 어떻게 무사히 신청을 하긴 했는데…

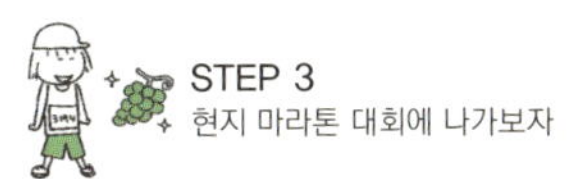

웬일로 우릴 맞이한 사람이 우연히도 러너!
사실은 저도 달리기를 해봐서 그런 경험이 있어요!
그거 큰일 났네요!
이렇게 되어 여행사에 문의해 봤더니…
이해해요!
여행사 근무 미노와 씨
한번 여행사에 상담해 볼까요?
큰일 났다, 큰일! 어쩌지~
으앙~
으음…
생각해보니 아무 일 없어도 사람들이 많이 놀러 가는 여름휴가 주말에 많은 주자들이 밀려들게 되면 이렇게 되는 것도 당연한 일이고….
※ 대회가 있는 날은 대개 일요일

숙박시설을 무사히 확보 했어요.
거봉의 언덕 마라톤 대회
2008년 9월 21일(일)
정원 2,500명
휴♥
그보다 더 뒤에 참가신청한 또 하나의 10km 대회에 다 함께
그런 믿음직한 여행사 덕분에…
괜찮습니다! 지금부터라도 어떻게든 될 테니 저한테 맡겨주세요!

하긴 매년 일본에서 약 15,000명이나 참가자가 모이는 인기 짱인 대회거든요!
호놀룰루 마라톤의 경우 참가신청은 일본에서도 쉽게 되지만 항공권 확보가 가장 문제라고 해요.
호텔도 금방 꽉 차고!
그 무렵 확 실감 난 것이 12월 호놀룰루 마라톤 신청 이었죠.
이때는 6월.
어쩌지? 이쪽도 이제 슬슬 생각해야 하는데.
하지만 안심한 것도 한순간.
그러게요, 어쩌죠?
호놀룰루 마라톤 2008년 12월 14일
H.I.S. 호놀룰루
JTB
호놀룰루 투어
다시 마라톤 회의.

아직 겨우 10km 신청한 참인데.
아직 이런 상태인데 정말로 반년 후에 풀 마라톤을 뛸 수 있을까?
음… 투어보다 개인으로 신청하는 게 확실할까요?
아, 저 근데…
그날 완판된대~.
패키지 투어도 인기 있는 건 바로 다 팔려서 취소를 기다릴 수밖에 없다나 봐.
비싼 호텔밖에 못 잡는 다든지.
쁘리 플랜
HAW
JTB 호놀룰루 마라톤 2008
H.I.S
한마디로 포기하지 않으면 걸어서라도 들어갈 수 있다….
혁~ 도착 지점은 어디~?
7053
5시간 이내라든가 길어도 7시간 이내라고 정해진 경우가 많음.
호놀룰루 마라톤의 좋은 점은 제한시간이 없다는 점♡
확실히 말해서 이때 셋 다 풀 마라톤을 뛸 자신이 없었지만….
으음….
일단 항공권만이라도 해놓자!
하는 김에 호텔도 예약해버려?
시골~
시골~
시골~
어서어서!
헉, 어쩌지?
○○ 항공은 이미 만석!
호놀룰루행 항공권이 벌써 거의 없어요!
그리고 망설이던 시간도 얼마 안 되어…
엉~?

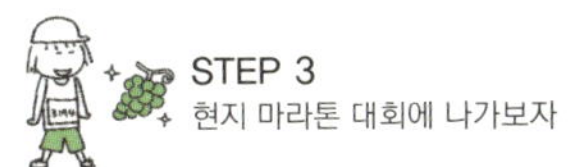

이렇게
해서
두근두근
호놀룰루
행도
결정
되었고…

이러니
저러니
하면서
앞으로
반년
동안의
일정이
다 결정
됐어요!

머리와 꼬리가
묘하게 복슬복슬 ♡

첫 원정! 여행하는 기분으로 닛코에서 도전!(10km/도치기)

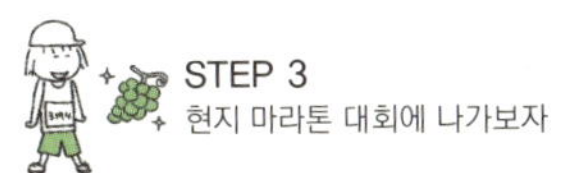

기다리던 저녁 식사 ♡

좋아! 내일을 대비해서 확 영양식을 먹어두자!

와구와구

아무래도 맥주는 한 잔만 먹을까?

내일을 위해서….

이날 가토 씨는 엄청나게 먹어댔는데….

자꾸 한 그릇씩 밥을 더 달라고 하기 귀찮네.

또 없어짐

BEER

죄송한데 맥주랑 밥 좀 더 주세요♡

죄송합니다! 밥통으로 하나 주세요!

그리고 저녁 식사 후에도….

전 잠깐 여기 들렀다 갈게요♡

호텔 안의 주정

맥주
라멘
만두

먼저 주무세요.

엉? 아직도 먹을 수 있어요?!

꺅~

이렇게 바로 잠자리에….

쿨~

호텔

그리고 대회 당일 아침.

5:30 기상.

짹…

짹…

선크림…

졸려…

오늘의 스타트 타임은 8시 35분이라 이르기 때문에 우리 셋은 이른 아침에 일어나서 준비했죠.

체크아웃 부탁합니다.

프런트

숙소에서 아침 식사 시간보다 더 빨리 출발해야 했지만….

미노와 씨 플랜 짱이다♡
그리고 전철에서 잘 먹었음.
주먹밥?
덜컹…
덜컹…
낫또
더 샀음
편의점
차
으으… 도시락 좋다♡
아침 식사는 도시락으로 해주시도록 숙소에 얘기해놨어요.
미노와 씨 플랜
어쩜 고맙게도 도시락을 싸주셨어요.
따끈~
자, 그럼 도시락 3인분 입니다!
쿠~궁
일단 제대로 스트레칭을 해두자.
아아~ 긴장돼. 10km를 다 달릴 수 있을까?
시끌
2805
252
두근
두근
정말 참가자가 많네요~.
주자가 가득….
시끌
298
중학교 교정이 대회장
제3회 닛코 삼나무 가로수 마라톤
시끌
시끌
이렇게 배도 채우고 대회장에 도착.
전반에서 너무 뛰지 않도록 주의해야지.
오늘은 덥기도 하고….
곧 스타트 10분 전입니다.
응?
맞아!
두근
여기 코스는 후반부가 힘들어~.
10km에 출전하시는 분은 스타트 위치에….
우르르
우르르
우르르
드디어 때가 왔다!
252
2805
헉~
89
그런 얘기를 하는 동안에 스타트 시간이!

와아, 내리막길이다♡
대회에 따라서 코스에 업다운이 있기도 하고….
준비 땅!
힘내라
와
와
그럼 좀 있다 봐요!
으와아
103
1904
093
525
25
맞아요, 저는 10km라는 거리에만 신경을 빼앗겨서 그다지 신경도 쓰지 않았지만….
좋아, 반까지 왔다!
5km 지점
와
반환점
RUN RUN
043
후반까지는 그럭저럭 힘차게 달렸지만….
출발 & 도착 지점
상나무 가로수길
가는 길
오는 길
반환 지점
고저 차 약 80m
그렇게 보니 이번엔 내리막을 갔다가 돌아온다는 타입의 코스라….
갑자기 페이스다운이 되어버렸어요.
우어
헉…
헉…
084
2805
후반이 되자 당연히 오르막길이 계속되어…
으악, 오르막길이야!
그것도 계속!

그때…
맴
맴
이제 걷고 싶어.
게… 게다가 어려워….
헉…
와
와
2805
언덕길에서 달리는 방법을 잘 몰랐던 거예요.
생각해보면 지금까지 연습할 때는 거의 평탄한 길에서만 달려봐서…
공원 달리기~ 랄랄
드세요~.
힘내세요~.
5963
다시 살아났다!
캬~
2805
게다가 고마운 급수도 받고…
앞으로 3km!
근성
와~ 힘내요!
짝
짝
헉…
길가의 따뜻한 성원이 무척 힘이 됐고…
앞쪽에서 가토 씨 발견!
9km
오!
저건!
힘내라~.
헉…
걸을 줄 알고~.
헉…
와
으오오~
2805
파이팅~
골은 바로 금방!
필사적으로 계속 달리자…

FINISH 제3회 닛코 삼나무
앗, 다카기 씨!
힉~
9초 차이 골인
짝짝
짝짝
와!
안타깝게도 살짝 따라잡지 못했어요.
마지막 힘을 쥐어짰지만…
와! 와!
두두두
우오오~ 힘을 내면 따라잡을지도!
2805
그 후에 노리코 씨도 무사히 골인.
시간도 한 시간 안에 들어왔어!
찡~
기… 기쁘다. 어쩐지 상장을 받은 기분이야.
이렇게 해서 이번에도 기진맥진 했지만 골인 후에는 완주증도 받아서 감격도 한층 더했어요♡
수고 했어 요~.
하 야~
앗, 노리코 씨.
덧붙여 두 사람의 시간은…
일반 여자부 206명 중 119등
완주증
제3회 닛코 삼나무 가로수 마라톤 대회
16.10km 일반 여자 다카기 나오코 기록 0:59:11 순위 119위
비틀 비틀
1:01:35 (135위)
59:02 (118위)
명물 만두를 맘껏 먹고 이번 성공을 서로 칭찬해 줬어요.
축♥10km 완주!
푸하~
그 후에 우쓰노미야로 이동했을 무렵엔 식욕도 부활!
닭 튀김
야키 소바♥
들어오고 곧바로 닭튀김 같은 걸 먹을 수가 있네요.
들어오고 잠시 동안은 더위와 피로 때문에 식욕도 없었지만…
나도 못 먹어…
으…
2989

런런 일지
급수소의 물이 맛있으면 좋아요!
닛코의 맛있는 물
카아 ♡
낮에 달리면 더우니까!
대회 출발 시간은 이를 때도 많습니다.
특히 여름 대회는 이른 아침에 해요.
맥주가 먹고 싶어지네 ♡
아삭
아삭
모로큐 무료 서비스도 있었어요.
※ 아직 달리기 전
※ 모로큐: 오이를 된장에 찍어 먹는 음식
도시락으로 해주면 정말 좋죠!
숙소의 아침식사 시간이 안 맞을 수도 있기 때문에…
이 코스는 『나홀로 여행 I』의 제1회 때의 여행과 우연히(필연?) 같은 코스예요.
닛코
↓
기누가와 온천
↓
우쏘노미야 만두
편의점에서도 여러 가지를 샀지만요.
무… 가토 씨는 도시락만으로 부족했기 때문에
샌드위치니 낫토니 뭐니….
『나홀로 여행 I』 광고
절찬판매중
마사시
여기야 여기~.
맛있는 가게 알아~.
그래서 우쏘노미야 에서는 나서서 안내를 ♡
4~5군데 가게를 돌며 먹었어요 ♡
오
만두랑 맥주가 좋다~.

닛코에 놀러…가 아니라 달리러 왔어요!
우갸~
東武日光駅
센죠가하라에서 워킹
물이 맑다.
음이온
Photo Gallery
대회에서 가장 가까운 역은 여기
しもいまいち
下今市 Shimo-imaichi
みょうじん
Myōjin
かみいまいち
Kami-imaichi
だいやむこう
Daiyamukō
（栃木県日光市）
숙박은 기누가와 온천
여름인데 어묵
닛코 명물인 유바를 얹은 우동
대회 전날은 제대로 먹읍시다! (맥주는 살짝 자제하고)

자,
출정이다!

덜컹
덜컹

普通　下今市
61201

따끈

고마운
도시락
♡

나무 그늘이 좋은
닛코의 삼나무 가로수

시끌
시끌

日光の水
錦水所

행사장
에서
여러
가지
물건을
팔아요.

우쓰노미야에서
만두 만두♡

창가상 삼나무 티셔츠

완주
증명서도~

상
나
무
…

달리고 난 후에
먹는 만두는
최고!

A. 과음만 아니면 마셔도 됩니다. 평상시대로 가벼운 조깅을 하고 저녁식사에서 탄수화물을 제대로 드세요. 수면부족은 레이스에 영향을 주기 때문에 주의하십시오. 레이스 후엔 먼저 물이나 스포츠 드링크로 수분을 충분히 보충하고 몸이 진정되고 나서 맥주 같은 술을 마시도록 합시다.

Q. 대회 전날엔 어떤 식으로 지내면 될까요? 술을 마시면 안 되나요?

Q. 여름 대회에서 열사병에 걸리지 않기 위해서는 어떻게 해야 하나요?

A. 모자를 써서, 뒤통수에 직사광선을 받지 마세요. 급수소에서 수분을 확실히 섭취하고 마시는 것 외에도 머리나 허벅지에 물을 끼얹어서 몸을 식혀가는 것도 효과적인 방법입니다. 급수할 때엔 서두르지 말고 침착하게 한 번 멈춰도 괜찮다 하는 생각으로 드십시오. 레이스 중에 수분을 섭취할 때엔 걸으면서 몇 번으로 나눠서 마시면 마시기가 쉽습니다.

Q. 뛰고 난 다음에 밥이 너무 맛있어서 살이 전혀 안 빠져요.

A. 적당한 조깅이라면 식사량이 도를 지나치게 되는 일도 많아요. 살이 안 빠질 때엔 참기보다는 식사의 내용(식재료와 조리방법)이나 식사하는 타이밍에 공을 들이면 개선할 수 있습니다.

Q&A 긴 선생님 가르쳐주세요!

쿵쿵
짝짝
여러분은 어떤 곡을 들으면서 달리시나요?
루~ 루루루~
저는 80년대 애니메이션 노래나…
향수에 빠졌달까?
야마구치* 모모에라든지
얏타맨이나
한편 가토 씨는 어떠냐면…
저도 달리기할 때 노래를 들으려고 아이팟 샀어요~
짜잔~
가토 씨 나이가 몇 살…?
털썩
일단 치아키 나오미*의 '갈채'를 넣어봤어요♡

*1970년대 가수들.

※다케노코족: 70년대에 화려한 복장을 입고 공원에 모여 함께 춤을 추는 유행을 따르던 젊은이들.

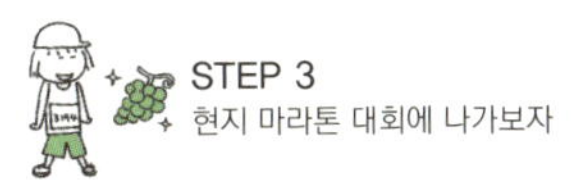

이날은 샤워도 할 수 있다는 만화카페에 가보기로 했어요.

그리고 달린 후에 생각나는 것은 흘린 땀을 씻을 수 있는 장소인데 아직 공중탕은 문 열기 전이었기 때문에…

40분 달리고 기분 좋게 연습 종료.

덧붙여서 좋았던 것이 맘대로 마실 수 있는 드링크바.

샤워실은 남녀 각 하나씩밖에 없었기 때문에 순서대로 썼는데 생각보다 깨끗하고 좋았어요.

그리고 나서 스포츠숍에서 아이쇼핑을 하면서…

쿨~
밤에는 완전 꿀잠.
마치 성장기 중학생처럼 와구와구 먹어주고….
노리코 씨 전에는 적게 먹었는데~.
밥이 맛있어
어쩐지 요새 엄청 많이 먹을 수 있게 된 것 같아.
그 후엔 제대로 밥.
볼륨 만점 돼지고기 스테이크 정식!!
BEER
맥주 포함
BEER
가마타 역
안녕하세요!
그리고 또 다른 날에는 가토 씨와 둘이서 합동 달리기.
가능하면 근처에 맛있는 가게도 있고~.
흠흠…
역에서 가깝고 로커와 샤워도 확보할 수 있고~
달리기 쉬울 것 같은 공원이나 하천변 같은 게 있고~
희망 조건을 기본으로 해서 합동연습 코스를 궁리해보는 것도 즐거워요.
TOKYO MAP
포테
이 글
이 글
그늘이 없어
헉~
더운 날 낮에 달렸기 때문에 둘 다 도중에 기진맥진 했어요.
우와~ 어쩐지 청춘이다.
파이팅! 파이팅! !! !!
레프트~
와~
소년야구단
백~
이날엔 방문객도 이용할 수 있는 스포츠클럽에서 로커와 샤워실을 빌리고 근처 다마가와의 제방을 10km 달려보기로 했는데요 ….

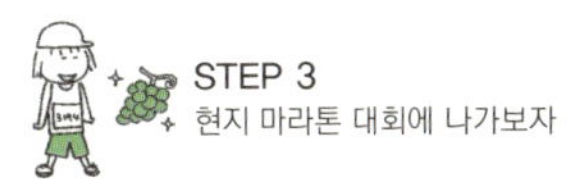

그럼 살 빠지지 않아?
…란 질문을 자주 받는데요.
그런데 '달리기를 시작했다'고 하면

그런저런 반성을 하면서도 이날도 제대로 먹어 줬어요.
예에….
중화요리
꿀꺽 꿀꺽
우걱 우걱
우걱
날개 달린 만두(구울 때 얇고 바삭한 부분이 생김)

이렇게 더운 날에 강가에서 10km나 달리는 건 무모했네요.

그리고 맥주랑!
하… 하지만 일단 체지방은 조금 줄어든 대신에 근육량은 조~금 늘었어요.
덧붙여서 노리코 씨는 말랐다고 함.
원래 말랐는데.

다음엔 만두 세 접시랑 간 요리랑 칭쟈오로스랑 볶음밥도 추가할까요?
좋네요♡ 제대로 먹읍시다!
MENU

달리는 것 이상으로 잘 먹고 있기 때문인지 체중은 거의 변하지 않았어요.

요샌 달리기를 시작하길 잘했다고 느끼는 참이에요.
또 합동 연습해요!
게다가 지금까지 없었던 경험도 많이 할 수 있어서…
감기 한번 안 걸리고 건강 그 자체.

만두와 맥주는 최강이야 ♥
그래도 뭐, 일단 밥은 맛있고 푹 잘 자고…
아하하

Let's go 공원 달리기

1주째
아, 커플이다….
따꾼 따꾼
저녁에 항상 가는 공원에서 빙빙 돌고 있었는데…

마지막에 음료수를 사 먹는 것도 즐거움 중 하나예요 ♡
헉 헉
덜컹
달리기 하러 갈 때엔 주머니에 150엔을 넣고…
꼭 눌러야지

3주째
꼭~
열렬하구먼.
이야~ ♡
깍

어… 어라? 50엔밖에 없어!
그런데 어느 날 달리다가 100엔 동전을 떨어뜨렸는지…

7주째
쭈우욱~
허거걱~!

요즘엔 50엔 가지고는 하드도 못 사는데….
헉 헉
목말라~!
공원 안을 찾아 봤지만 찾질 못했고…

12주째
이… 이젠…
헉… 헉…
너네 맘대로 해라….

하하하하
유비무환!
그런 비극이 있은 후로는 주머니에는 여분의 돈을 넣어놔요!

끝

이사와 온천
따끈~
하~
이번에도 우리 셋은 전날 대회장 근처의 이사와 온천에서 느긋하게 묵고 대회장으로 갔어요.
미노와 씨 플랜
9월에는 또 다른 10km 대회에 나갔어요.
야마나시 시 거봉의 언덕 마라톤 대회
시 끝
시 끝
10km 코스 이미지 그림
전반부 오르막길
후반부 내리막길
출발&도착 지점
높낮이 차 약 190m
초등학교
그 대회 이름 그대로 코스는 거봉 밭이 있는 언덕을 달리는 느낌이었어요.
거봉~
거봉이 기대 되네요!
이 대회는 '참가자에게 거봉을 서비스로 준다'는 것에 끌려서 출전했는데요.
3730
3194
3840
그런 생각을 하던 내 눈앞에 나타난 것은…
하지만 닛코 대회 이후로 언덕길 달리기 연습도 조금 했고….
후우 후우…
START
준비~ 땅!
거봉
와
와
와
도착점 에서 만나!
아빠~
한가로울 것 같은 이미지와는 반대로 업다운이 힘든 하드한 코스인데요.

너무나 심한 광경에 무서워서 눈이 안 떠짐
후…
후…
힘내서 걷지 않고 이 언덕에 도전하고 싶다고 생각은 했지만…
상상을 훨씬 초월하는 엄청난 언덕길!
느릿느릿…
헉~
으어~
휘적
휘적
스피드는 이미 걷는 사람하고 비슷한 정도였어요.
3194
1904
힘내~
허걱!
이것이 언덕 인가~!
어떻게든 포기하지 않고 느릿느릿 계속 달렸어요.
직접 만든 샤워
세요!
인생은 도전이다
직접 만든 현수막
자, 힘내요!
짝
짝
이럴 때에 힘을 준 것은 역시 길가에서 해주는 응원이었죠.
급수소에는 소금도 있었음
거봉을 나눠주는 사람
헉…
으이
헉…
헉…
오~!
파이팅~
힘냅시다!
그리고 주자들끼리 서로 기운을 북돋아 주기도 하면서…
8074
414
헉…
헉…
3194
114
힘든 건 다들 마찬가지.

FINISH
그대로 한번에 골인!
와
와
언덕길을 이렇게 달려 내려온 게 몇 년 만일까?
두두두…
506
3194
라스트 스퍼트 라기보다 이미 발이 멈추지 않는다는 느낌으로 …
아아악!
8km
3194
50
두두두…
그러자 후반부는 완전 딴판으로 급격한 내리막의 연속.
덧붙여 두 사람은…
1:07:14
1:05:49
그 언덕을 생각하면 잘한 거예요!
좀 걷고 말았어~
였어요.
닛코보다 기록이 떨어졌지만…
제24회 야마나시 시 거봉의 언덕 마라톤대회 완주증 10km 여자 다카기 나오코 기록 1:01:22 순위 일반여자 242명 중 90위
완주 증도 받았어요.
FINISH
와
와
아~ 힘들었어!
언덕이 엄청났어요.
덜
덜
3194
수고했어요~!
제트코스터 같은 엄청난 코스였지만 둘 다 무사히 도착했고….
깜짝 놀랄 정도로 맛있어서 왕감동 했어요!
이렇게 맛있는 거봉은 처음 먹어봐~!
마… 맛있어!
아직 줄기가 예쁜 녹색
막 따서 신선하고 달콤한 거봉은…
드세요~
자
무료로 받을 수 있음.
그리고 도착 후에는 기다려 마지않던 거봉 서비스 코너로♡

사람이 엄청 많아서 레스토랑에 들어가질 못했어요!
레스토랑
시끌 시끌
예에~?!
죄송합니다. 지금 20팀이 대기 중이라...
온천은 갔음
포도 따기 시즌 한창때의 일요일.
포도 언덕
온천관 천공의 온천
와인
포도 따기
그러고 나서 온천과 밥을 찾아 가쓰누마 포도마을 역에 있는 '포도 언덕' 이라는 곳까지 이동했지만…
배고파 ….
꼬르륵
점심 난민…
TAXI
거기 가봅시다!
하… 한 집 더 짚이는 곳이 있습니다!
꼬르륵
으… 그렇게 열심히 뛰었는데 먹지도 못해?
매… 맥주.
번쩍
우르릉…
TAXI
게다가 엄청난 뇌우가…
커거걱~
택시로 근처 식사할 곳을 몇 군데 돌아봤지만 다 엄청나게 줄을 섰거나 영업시간이 아니어서 못 들어가고 ….
거봉의 맛과 함께 잊을 수 없는 추억이 되었답니다.
죄송합니다, 맥주 좀 더 주세요♥
수타 호토
하아~ 호토 맛있다♥
행복해♥
이렇게 해서 먹은 호토의 부드러운 맛은…
야마나시 명물 호토
호박이 들어감♥
그리고 어떤 호토 집에 미끄러져 들어가 세이프!

담는 게 칠칠맞아서 죄송해요.

바나나가
있으면
좋아♡

특급을 타고 Let's Go!

기잉~

Photo Gallery

몇 살이
되어도
여고생
(이상)

대회장
으로
가는
버스를
기다리는
줄

받았다기~.

상자에
담은 거봉을
참가상으로
받을 수
있어요♡

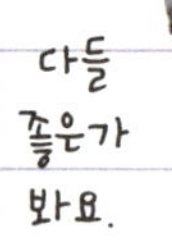

다들
좋은가
봐요.

거봉 드세요~!

보통열차로 Let's Go!

멋진 역 이름...

덜컹...

야마나시 명물 호토

구온지(久遠寺)의 길고 긴 계단.

호박이 들어 있음♡

멋진 구온지의 문

귀여운 핸드타월도 참가상으로 받았어요.

오호토...

조금 허세를 부려서 돌아올 땐 차 내에서 와인♡

런런 일지

본인은 뛰는 겁니다!

헉... 헉...

비틀

비틀

아무리 봐도 걸어가는 것 같지만

가토 씨가 야참을 먹으러 사라졌다.

내일 아침에 일찍 나가야 돼요!

먼저 주무세요!

대회 전날 밤.

여행지에서 맛있는 간식을 먹는 게 무엇보다 즐거운 일이라고 함.

도착 후에 어젯밤 야참 먹다가 알게 된 사람한테 제대로 결과 보고 문자를 하는 가토 씨.

무사히 골인했어요.

탁 탁

멈추질 않아!

다리에 상당한 부담이 된다고.

두다다다

사실은 내리막길에서도 힘껏 달려 내려오면 안 된다고 해요.

마라톤 후의 근육통 때문에 계단에서는 할머니 같았습니다….

허걱~ 아파!

으으...

다음 날엔 구운지라고 하는 절에 참배를 갔는데…

뛰고 나서 하는 온천은 짱이야~

나와 노리코 씨는 모처럼 온 거라 시모베 온천이라는 곳에서 하루 더 묵었어요.

계단이 287개나 됨.

달릴 수 있는
거리를 늘려보자

STEP. 4

한마디로 긴 시간 동안 천천히 먼 거리를 달려 지구력을 높이는 트레이닝이에요.
L
S
D
엘에스디
롱 슬로우 디스턴스의 약자.
란…
대략 1km를 7~8분 정도의 페이스로 90~120분 정도 달려요.
맘먹고 LSD 트레이닝을 해보기로 했어요.
10월
저는 10km 마라톤도 두 개를 클리어하고 다음은 드디어 하프 마라톤에 도전하게 됐죠.
후우
하아
달릴 수 있을까?
두근
두근
두근
일단 지금까지 달린 적이 없는 한 시간 이상 10km 이상을 달려보는 거야!
오~
좋아!
공원까지 왕복 (약 10km) + 공원 달리기
그래서 첫 LSD는 집에서 그 큰 공원까지 갔다가 돌아오는 코스로 달려보기로 했어요.
우리 집
평상시 가는 공원
약 5km
조금 더 큰 공원
전 항상 근처의 작은 공원에서만 달렸는데요, 조금 더 범위를 넓혀보면 좀 더 크고 좋은 공원이 있다는 걸 발견했어요.
그 외의 소지품
1000
용돈
도중에서 뻗게 됐을 때를 대비한 교통카드
Suica
거리를 재기 위한 아이팟
길을 잃었을 때를 위한 지도
좀 출렁거리네~.
출렁
출렁
등등.
그걸 허리에 차고 아직 더운 한낮을 피하려고 이날은 웬일로 이른 아침 6시에 집에서 출발했어요!
스포츠숍에서 팔아요.
물
장시간 달리게 되면 목도 마르기 때문에 페트병이 들어가는 허리 색 같은 것도 구입했고…
조그만 물건이 들어가는 포켓이 있음.

그리고 달리기 시작한 지 30분쯤 돼서 목적지 공원에 도착 했어요.
공원
달려 보니 가깝네!
줄렁
넓은 공원을 달리면 역시 기분이 무척 좋아요.
오오~ 여기 코스는 2km나 되잖아!
이른 아침부터 달리는 사람이 잔뜩
줄렁
조깅 코스
2000M
게다가 아침의 상쾌함이 또 각별해요!
삐 로 로
삐 로 로
짹
짹
이런 세계가 있었다니!
아침 산책
태극권을 하는 사람.
악기 연습을 하는 사람.
급수
새~로운 아침이~ 왔네~
라디오 체조를 하는 사람들.
덧붙여 평상시 이 시간의 나
쿨~
아직 꿈나라
이런 식으로 감동하면서 공원을 두 바퀴 뛰고 밖에 나오자 …
타탁
엉?
아무래도 통근 달리기를 하는 듯한 사람과 마주쳤 어요.
요새는 이런 식으로 회사 출퇴근 때를 달리기 시간으로 활용하는 사람이 많다고 해요.
러닝용 배낭 (아마 갈아입을 옷 같은 것이 들어있을 것)
탁
탁

지금까지
달린 것
중에
최장기록
이야!
지금 현재
자기 신기록
갱신 중!
두근
두근
찰
칵
찰칵
우오오~
현재 12km!
이거…
상당히
흥분해
가지고
….
그런
생각을
하는
동안에
주행거리는
드디어
10km를
돌파했어요!
엇!
꿀꺽
iPod
나도 좀 더
노력해야지.
이런
달리기
동료가
있는
것도
역시
자극이
돼요.
하하하!
와와~
LSD를
했어요?
15km씩이나
달렸다니,
다카기
대단해~!
그리고
얼른
두 사람
에게
메일로
자랑했죠.
컴퓨터
우오오~
해냈어,
LSD!
이게
바로
LSD지!
집에
돌아올
무렵에는
약 15km,
시간으로는
1시간 50분
달리기를
했어요.
헤롱
헤롱
다카기 씨도
꼭 산에 한번
같이 가실래요?
…래요.
와아~
갈래요,
갈래!
저도
같이
갈
건데.
득득…
저와 마찬가지로
미디어팩토리에서
등산 책을
출판할 예정인
스즈키 토모코 씨가
초대해주셔서…
간 쿤
노상쟁이
스즈키 씨 씀
6월
노리코 씨하고
오제에도 가고
영차
영차
그리고
트레이닝을
위해서
그 후에도
때때로
등산을 하러
갔는데요.

다음에 하프 대회에 나가요.
스즈키 씨도 마라톤 해보세요
하하하
권유
우리 둘은 요새 달리기로 어느 정도 단련해서 체력에 자신이 붙기 시작했는데요.

도노다케 1491m
가나가와 현에 있는 도노다케에 오르게 되었어요.
잘 부탁해요!
멤버
스즈키 씨 당당 이마오 씨
스즈키 씨

산꼭대기에서 먹는 밥은 짱이야~!
치즈 퐁듀
산 정상 맥주
와인
BEER
신이 났지만 ….

도노다케 정상
와
무사히 정상에 도착 했고 ….
다 왔다~

와하하
어쩐지 이런 곳이 있음.
초반엔 상당히 힘차게 올라 갔는데 ….
파이팅 한 방!

산 정상에서 들떠서 너무 게으름을 피웠기 때문.
인생 최초 레드 라이트
발치를 조심하세요!
도중에 해도 지고….

하산 루트가 생각보다 길어서 ….
말똥
…
와~!
우웃!
가깝다!
앗, 사슴이에요!

오… 오래 걸렸네요.
예에….
즐겁긴 했지만
이 모습은 스즈키 씨의 책에서 자세히 보세요.
등산을 시작했어요
미디어팩토리 출간
수고 많았어요!
푸욱
헉
맥주
멍
꼬르륵
겨우 산기슭의 버스정류장에 도착했을 무렵에는 기진맥진하고 말았죠.
올라가기 시작한 지 약 10시간 후.
그런 심리효과가 좋았던 건지…
……
이번 등산을 생각하면 시간적으로는 편하네요.
눈 깜짝할 사이에요.
버스 왔어요
속닥
속닥
속닥
하프마라톤은 아마 2시간 남짓이면 들어올 수 있겠죠?
풀이라도 5~6시간쯤?
첫 하프마라톤에 다녀오겠습니다!
이렇게 해서 기분도 상승!
그 후 달리기의 상태도 왠지 양호했어요.
몸이 가벼워진 느낌이 들어.
후
혹은 트레이닝으로써도 역시 등산이 효과적이었는지
…

Q. 체력이나 근력을 기르기 위해서 평소에 먹으면 좋은 음식이 있나요?

A. 저지방 단백질, 철분, 아연 등 미네랄이 풍부한 것들입니다. 피로 회복에 도움이 되는 마늘 같은 것을 사용한 요리를 추천합니다.

Q. 너무 더운 날은 달리기를 하지 않는 게 좋을까요? 여름 연습의 포인트를 가르쳐 주세요.

A. 시원한 이른 아침에 달리는 걸 추천합니다. 아침에 시간이 없는 사람은 밤에 달리는 것도 좋겠죠. 한낮에 달리는 경우엔 가능한 한 나무 그늘을 골라 달리세요. 25도를 넘으면 급수는 필수입니다. 30도가 넘으면 달리기를 하지 않는 것이 좋습니다.

Q. 바빠서 좀처럼 달리기를 할 수 없을 때, 일상생활에서 트레이닝이 되는 것이 있을까요?

A. 바빠서 달릴 시간이 없는 분께는 출퇴근 시간을 이용한 액티브 워킹을 권합니다. 30분 이상 빨리 걸으면 달리기의 보조적인 트레이닝이 됩니다. 거기에 아침에 일어나고 나서 혹은 자기 전에 근력 운동을 하면 효과적입니다.

Q&A 긴 선생님 가르쳐주세요!

게다가 우연히도 대회장에서 가장 가까운 역 이름이 '다카기마치'!
(高城町)
그래서 기념 촬영.
다카기마치
의욕도 최고입니다!
자, 치즈!
셋이서 이번에도 전날 숙박하면서 어젯밤엔 센다이 명물인 소 혓바닥 요리로 보양을 했죠.
와하하
BEER
두툼하고 맛있음 ♥
드디어 마침내 그날이 왔습니다. 마쓰시마 하프마라톤 대회.
마쓰시마여 아아 마쓰시마여 마쓰시마여
10km를 약 한 시간에 뛸 수 있으니까 괜찮을 것 같지만….
이 대회는 2시간 30분 시간제한이 있지~.
출발 시간이 가까워지면서 아무래도 긴장감이 높아지고 …
하프
부르르
단순계산으로…
추워…
괜찮을 으려나?
하지만 이날은 바람이 살짝 강했어요.
휘잉
선수 접수
시끌
시끌
마쓰시마 하프마라톤
어서 골인하고 굴국을 맛봅시다!
맞아! 빨리 들어오지 않으면 굴국이 없어질지도 몰라!
도착 후에 먹는 굴국은 기대돼!
그리고 단순한 세 사람.
굴 완전 좋아
마쓰시마 하면…
굴!
이 대회에서 좋은 건 도착 후에 굴국 서비스가 있다는 점.
한 사람당 한 그릇 서비스

하프마라톤 코스 지도
운동장
출발점 & 도착점
마쓰시마 만
반환점
이번엔 바다와 가까운 길을 갔다가 돌아오는 이런 코스였는데요.
준비~
땅
START
와
와
와
자, 어떻게 되든지… 첫 하프 마라톤 스타트!
마쓰시마다운 풍경도 바라보며 초반에는 그럭저럭 상쾌하게 달렸어요.
예쁘다~
와아, 바다다♡
…라고 생각하면 발걸음도 가볍고….
거봉 효과
하지만 그 거봉 언덕길에 비하면 이 정도는 암것도 아냐.
중간에 몇 번 업다운도 있지만
올라갔다 내려갔다….
이걸 가까이에서 볼 수 있는 것만으로도 대회에 나오는 데에 의의가 있다고 할 수 있어요.
아… 아름다워♥
헉
헉
멍
510
182
어느 대회에서나 생각하는 건데요, 이런 선두 그룹 선수들의 잘 단련된 근육은 정말로 아름답고…
두두두
7km 지점쯤
헉~ 벌써 돌아오다니!
빠르다!
그리고 길의 반대쪽에는 벌써 반환점을 돌고 온 선두 그룹의 모습이!

돌아오는 길엔 웬일로 강렬한 맞바람이!
휘유우우...
악!
그런데 반환점을 돌고 나서 깜짝 놀랐어요!
343
반환점 입니다~!
반환점
하프 2008
464
겨우 반이구나.
후우~
26
이리하여 저도 드디어 반환 지점을 통과하고 ....
이런 주저앉을 것 같은 때에 힘을 주는 건 역시 길가에서 보내주는 성원.
이제 후반부야~!
GO
힘내라
골을 목표로!
혁...
어쩌지? 아무래도 21km나 달리진 못할 것 같아.
그런 맞바람과 강해진 햇빛에 체력을 빼앗겨서 후반부는 상당히 괴롭게 전개됐어요.
혁...
혁...
어 워...
바람 때문에 금방 목이 마름
어쩐지 조금 몸이 편해지는 느낌이 들어요.
찡~
고맙 습니다.
신기하게도 이럴 때에도 웃어 보면 ....
자, 정신 차리고!
짝
짝
이봐, 힘내, 힘내!
파이팅
어이, 거기 아가씨!
비틀비틀 달리는 나를 향해 말을 걸어주는 사람도 있고 ....
짝
짝
짝

옷과 신발이 푹 젖어버려서 좀 난감해 졌어요.
혁
흥건
하고 힘껏 머리 위에서 짰더니…
와~ 이거 한번 해보고 싶었어!
꽉 꽉
팟
4126
드세요~.
그리고 더워졌을 때 정말 좋았던 것이 급수소에 있던 스펀지 예요.
급수
오!
아… 앞으로 6km.
15km 지점
그런 걸 배우면서 마지막에는 일단 남은 거리가 줄어들었다는 것을 마음의 의지로 삼고…
혁…
혁…
겨드랑이 밑을 식히거나…
목 뒤를 식히거나…
혁
혁
24
혁
※ 신발을 적시면 발이 미끄러워지기 때문에 주의가 필요함.
……
문득 주변을 보니까 이 스펀지도 사용하는 요령이 있나 봐요.
피니시까지 앞으로
1km
와
비틀 비틀
우오오~!
혁…
앞으로 2km….
혁
앞으로 3km….
18km
급수
앞으로 5km….
힘내라
혁…
아… 앞으로 4km….
혁…
16km

피로도
만점….

굴국 코너
시끌
시끌

으앙~
발이 아파!

지쳤어

뭐 그런 사람들이
잔뜩…

골인 후엔
기대하고
있던
굴국도
바로
받으러
갈 수가
없을
정도로

으앙~
겨우 끝났다!

짝
짝

길었어

4126

와

이리하여
어떻게
해서든
도착점
까지
왔어요.

그리고 그 후에
센다이로 이동해서
또 소 혓바닥
가게에서
뒤풀이 모임을
가졌죠.….

센다이 명물
소 혓바닥

체력도
살짝
회복
됐어요♡

아아…
행복해.

따끈하게
굴의
향기가
맴도는
굴국은
지친
몸에
스며들
었고
…

하지만
그 후에
무사히
돌아온
두 사람과도
재회하고
힘을
쥐어짜내서
굴국 줄을
섰어요.

달리기가
끝나면
추위.

아우~

4129

굴국

4646

부들…

교환 권

덧붙여
시간은…

일반여자
118명 중
46위

2:07:51

기록증
다카기 나오코
하프
2:02:26

2:19:59

…였어요!

이러쿵
저러쿵해서
이 셋은
첫 하프
마라톤도
어떻게든
클리어할 수
있었답니다.

달린
다음엔
역시
고기가
맛있어요!

죄송해요, 소 혓바닥
3인분하고 삶은 혀 2인분,
꼬리곰탕 3개랑
밥 곱빼기, 소 혀 회
2인분하고요,
맥주 셋이요!

전
평소에는
굳이
따지자면
생선파
인데요
…

접석
접석

와
구

와
구

접
석

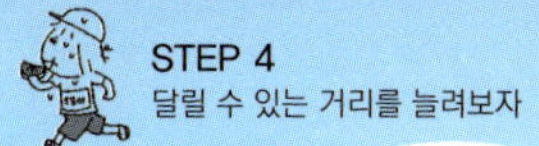

A. 노리는 목표 타임에 따라 다르지만, 목표가 완주뿐이라면 조깅하는 시간을 서서히 늘리면 됩니다. 초심자의 하프마라톤은 2~3시간이 기본이니 90분 정도 천천히 계속 달릴 수가 있게 되면 무리 없이 완주할 수 있습니다.

Q. 하프마라톤을 목표로 할 때 어떤 연습을 하면 좋을까요?

Q. 시간제한이 있는 경우 어떤 식으로 시간과 페이스를 의식하는 게 좋을까요?

A. 먼저 완주 제한시간을 아슬아슬하게 계산한 5km마다 평균 타임을 계산합니다. 그 페이스를 기준으로 전반부는 살짝 빠른 정도로 달리고 중간 이후는 그 페이스를 유지하도록 합니다. 남은 5km를 두고 여력이 있다면 스피드를 올립니다.

Q. 10km 이후가 길게 느껴지는데, 어떤 식으로 기분을 전환하면 될까요?

A. 기분적으로 길게 느껴지는 것은 음악을 들으면서 달리는 것도 좋을 거예요. 또 달리는 거리를 정확하게 거리 단위로 환산하지 말고, 예를 들면 '다음 다리까지'와 같이 어떤 랜드마크를 기준으로 하면 의외로 극복이 됩니다.

Q&A 긴 선생님 가르쳐주세요!

나의 고장...
다카기마치...
(라나 뭐라나).

아침
시간이
없어서
뷔페에서
왕
바빴음

센다이 역에서 발견한 이시노모리 쇼타로 씨
캐릭터가 가득한 망갓탄라이너

이쪽
캐릭터는
이가라시
미키오 씨
작품

아아,
마쓰
시마....

창가상도 이 캐릭터 티셔츠

귀
여
워 ♡

굴은 가라앉아 있어요.

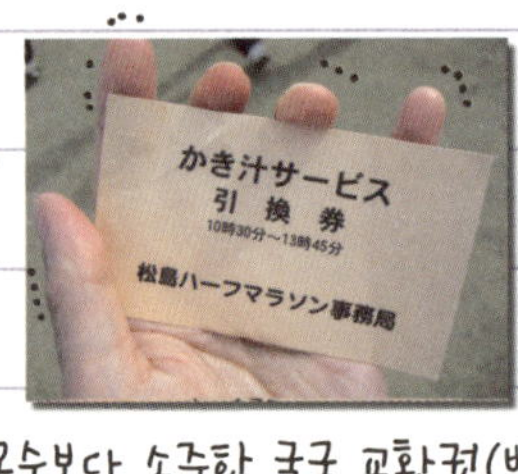

목숨보다 소중한 굴국 교환권(뻥)

※ 망갓탄라이너: 센세키키센(線)에서 토요일과 휴일에 운행하는, 만화를 테마로 꾸민
특별 열차. 이시마키 시와 인연이 깊은 이시노모리 쇼타로의 만화 캐릭터를 그려 넣었다.

味の牛たん
きすけ
助
牛たん炭焼き
이 두툼함을
견딜 수 없음
꼬리
곰탕
가을의 소 혀 축제 개최
혀 회도
맛있어요.
마쓰시마에서
먹은…
가끔씩은
조용하게 차 한잔…
명물
풋콩떡
초호화스러운
해산물 덮밥

마라톤 대회에선 여자보다 남자 참가자가 단연 많습니다.
주욱~
그렇기 때문에 화장실도 남성 쪽이 붐빌 때가 많은데요.
여성용도 붐비지만요.
그럼 '작은 거'인 분은 이쪽으로요~.
언젠가 목격한 남자 화장실의 광경.
STAFF
여자라 다행이다… 라고 생각했어요.
협력해주세요~.
'큰 거'인 분은 이쪽에 줄을 서주십시오~.
← 살짝 부끄러워 보임.

동료와 으쌰으쌰, 당일 하프마라톤(21km/사이타마)

…란 소리를 모르는 할아버지한테 듣는 그림.

길가에서 해주는 응원은 좀 적었어요.
주택가를 지나지 않기 때문에
하프 코스 그림
두 바퀴 돌고 도착
출발
사이코
이번엔 공원 안에 있는 호수를 두 바퀴 도는 느낌의 코스였는데….
그런데 다른 주자분들은 묵묵히 달리고 있는 동안 무슨 생각을 할까요?
사실은 남몰래 꿈의 2시간 달성을 노리고 있어요.
게다가 마쓰시마와 비교하면 바람도 없고 시원하니 시간을 더 단축할 수 있을 거야!
하지만 업다운도 적고 묵묵히 달릴 수 있어서 상당히 달리기 쉬운 코스!
헉…
후후…
옷을 보며 재밌어 하거나….
추월 금지
먼저 가세요~
여러 사람들이 있어서 재밌었다.
어쩌라고
뭐가 어떻게 다른 거지?
?
이렇게 하나?
저는 '자세가 깔끔하다~' 싶은 사람이 있으면 달리는 걸 흉내내 보기도 하고….
반듯

STEP 4
달릴 수 있는 거리를 늘려보자

하지만
두 바퀴째에
들어가고 나서
조금 페이스가
다운되었나요?
입을
벌리고
좀 괴로운
듯한 표정을
짓고 있네요!
13 km
헉…
헉…
자아, 어떨까요?
두 번째 하프에
도전하는 다카기
선수!
몸집은 작지만
달리고 그림을
그릴 줄 아는
선수로 최근
주목받고
있습니다!
해설자
아나운서
에
헤
헤…
8 km
푸
항~
5801
881
그러고는
촌스럽게
머릿속으로
스스로
중계를
해보기도
하고….

도다 마라톤
FINISH
과연
시간은…?
와
자아,
다카기 선수
마지막 힘을
쥐어짜서
지금 골인!
헉
5801
후반부의
끈기가 그녀의
진가니까요,
어떻게든 힘을
냈으면 합니다.
오아시스 포인트
드세요~
귤이
에요~
헉…
5801
헉…
다카기 선수는
이번 대회에선
2시간을
달성하고 싶다고
대답했었는데요.
이
이
18 km

완주
386
8084
수고
많았어요~
2:12:17
수고
했어요~
2:17:28
그리고
다른
사람들도
무사히
도착했고
….
이렇게 되어
안타깝게도…
2시간 안에
뛰는 건
못해냈어요.
헉
털
썩…
5801
아~ 아깝습니다!
기록은 2시간 44초!
헉

건물 안의
레스토랑에서
건배!

수고 많았어요~.

그리고
비와
땀으로
식은 몸을
확실히
데운 후에

그 후에
근처 온천
시설로
이동해서
한바탕
목욕♡

천연 도마 온천
사이카의 목욕탕

온천

천연

또 생각 있으면
같이 뛰어요!

역

이렇게
해서
두 번째
하프
마라톤
끝!

클럽 활동
끝난
애들처럼
더욱 더
즐겁게….

그리고
맥주
넷♡

MENU

아하하

멋지다

첫
마라톤
어땠
어요?

재밌었
어요!

가토 씨
잘
먹네요.

와~

평상시보다
사람 수가
많은
뒤풀이
모임은

닭튀김
4개에 내장탕 3개,
포테이토 프라이 3개, 카레
돈가스 하나, 닭꼬치 15개에
모듬 튀김 2개.

삑 삑

다음은 드디어
호놀룰루
마라톤
입니다!

그래요
…
드디어
남은
것은
앞으로
하나!

와~

드디어…
왔구나.

꿀꺽…

결국은요.

자아…
드디어
예정했던
국내전도 모두
끝났네요.

이렇게
말하는 거
좀 멋짐♡

후후후…

런런 일지
이렇게 해서 견갑골을 당기듯이 하면 날개가 돋은 것처럼 달릴 수 있어요!
하하하~!
자기도 못하는 주제에!
스즈키 씨의 남편분도 같이
대회 전에는 일왕궁에서 달리기를 하면서 스즈키 씨에게 달리는 방법을 지도했어요. 바로 내가
비가 와서 좀 안타까워.
처음 참가하는 두 사람이 즐겁게 대회에 나갔으면 했는데….
굴 튀김
조갯살
참치
미꾸라지
이 가게
와하하, 좋네요!
열심히 한 바퀴를 돈 뒤에는 스즈키 씨가 추천하는 차분한 주점에서 수고했어요 모임.
둘 중 누구라도 좋으니 앞으로도 마라톤을 계속해주지 않으려나….
상바루칸이나 후레쉬멘이나 역전 한방멘이라든지 닌자 핫토리라든지….
취했음…
커어….
…그래서 왠지 그 후에 노래방에 가서 만화 주제가와 히어로 물 노래 같은 걸 열창했어요.
예이예이오~!
네 명이 모이면 릴레이 대회에도 나갈 수 있으니까.
릴레이 대회는 네 명이 팀을 짜는 경우가 많음.
남편분은 살짝 잘았던 것 같고.
스즈키 씨도 그쪽 노래를 좋아함.
아, 하지만 군욕멘 불렀어요.
신발주머니
TODA MARATHON
&
넥워머 (머플러 비슷한 거)
TODA
참가상이 상당히 괜찮았어요.

아무래도
풀 마라톤이다
보니
불안은
커지기만
했어요.

하프를 달린 후에
그렇게 헤롱헤롱한데
그 두 배의 거리를
과연 달릴 수 있을까?

풀이란 건
그 하프 거리를
한 번 더
달린다는 거지.

하프
마라톤을
두 번
경험
했다고는
하지만
…

호놀룰루
마라톤까지
한 달 남은
무렵.

가을은
깊어
가고…

헤롱
헤롱

헥~

당연한
소리지만.

두근

하프를 다 달린
후의 나.

두근

두근

하와이

마라톤

그래서
다시
LSD
트레이닝을
해보기로
했어요.

덜
컹…

덜
컹…

철컥
철컥

'3시간 동안
달리기'를
경험해보자!

일단 아직
해본 적이 없는
미지의 세계…!

그러고 나서
집까지
달려서
돌아가면
약 3시간
짜리
LSD가
될 예정
이었는데요.

좋아,
2시간 반
됐어.

철컥

한 바퀴에
2km인
조깅
코스를
천천히
빙빙 돌며
달리고…

이렇게
다시
집에서
조금 먼
공원까지
와서

다섯
바퀴째

헉…

7000m

배가 고파서 더 달릴 수가 없어!
그건 지쳐서 다리가 움직이지 않게 된 것이 아니라…
앤티크 가구
플라워숍 란란
이… 이제 틀렸어.
비틀
비틀
그런데 공원을 나와서 잠시 달렸는데 결국 뛸 수 없게 되고 말았어요.
맛있다~!
우적
우적
우적
우롱차
중화찐빵
그걸 먹고 겨우 살았어요.
저… 저기요, 고기찐빵이랑 단팥찐빵 주세요.
헉…
헉…
아…
…네
500
수제 중화찐빵
단팥찐빵
복숭아찐빵
고기찐빵
두 개
아… 아으…
500
그때 주머니에 있는 잔돈과 눈앞에 중화찐빵 가게가 있었기 때문에…
그런 간식 휴식 시간은 빼고 누계로 약 3시간 거리로 약 26km를 뛰었지롱!
이렇게 어떻게든 집에 돌아올 수가 있었어요.
와~ 신기록♥
비틀
비틀
다시 천천히 뛰기 시작해서…
까악
까악
후~
그리고 조금 휴식도 취하고 어느 정도 파워가 회복 되었을 때….

라는 사실을!
도중에서 뭔가 먹지 않으면 에너지가 떨어져!
꼬르륵~
소비 칼로리가 2500kcal나 3000kcal라고 하는 풀 마라톤.
하지만 뭔가를 깨닫게 됐어요.
…
체중이나 도착하는 시간에 의해 달라짐.
그런 휴대식을 찾으러 노리코 씨 하고 스포츠숍에 갔어요.
ART SPORTS
휴대식을 가지고 뛰는 주자도 많다고 해요.
바나나를 들고 뛴다
877
…는 사람도 있다고 함.
호놀룰루 마라톤에선 기본으로 드링크 류의 서비스만 하는 모양이라 …
대회에 따라서는 코스 도중에서 먹을 것을 받을 수 있기도 하지만요.
드세요
빵
주먹밥
과일
자원 봉사자들이 뭔가 나눠주는 경우도 있음
러닝화
또 슈즈 코너로 갔죠.
이렇게 해서 좋아 보이는 것들을 몇 개 사고…
소금 사탕이나 벌꿀 사탕도 좋을 것 같아.
대단하다~ 여러 가지 종류가 있네. 이거 파워젤이래~!
조이
파워바
구연산
아미노산
벌꿀 사탕
포도당
소금 사탕
소금 사탕
여러 가지 맛이 있어~.
파워젤
레몬맛
푸른 사과 맛
바나나맛
매실

노리코 씨도
짠?
평상시 23~23.5cm인
내가 24.5cm 신발 ♥
큰맘 먹고 새 러닝화를 샀어요!
특히 풀 마라톤을 뛰면 도중에서 발이 부어서 더 힘들어지거든요.
발톱이 아프면 사이즈를 조금 크게 하는 게 좋아요.
전 요새 러닝화가 너덜너덜 해진 데다가 장시간을 달리면 발톱이 아파지는 증상이 있었거든요.

저, 보통 때보다 오르막에서 잘 못 뛰겠어요.
어떻게 하면…
그리고 일왕궁 주위를 뛰면서 잘 모르는 부분을 질문하기로 했어요.
수업 직전에 불의의 사고로 갈비뼈를 다친 가토 씨는 불참.
아야야…
갈비의 물렁뼈가…
잘 부탁드립니다!
오늘은 두 바퀴로 하죠!
(이번엔 야간 달리기)
그리고 또 긴 선생님께 두 번째 코칭을 받았어요.

팔은 평상시보다 아래쪽에서 살짝 크게 흔드는 것도 효과적 이에요.
훅 훅 훅
보폭은 살짝 작게…
오르막에서도 허리는 굽히지 말고 똑바로! 몸을 조금 앞쪽으로 향하고 지면의 힘을 이용하는 느낌으로 한 발자국씩 발을 놓아가면 좋겠죠.
시선도 앞을 봐요!
오르막이 되면 허리를 굽히고 숙여서 달리는 사람들이 많은데요.

그리고 장시간 뛰면 배 주위에 힘이 들어가질 않아서 자세를 유지할 수가 없어요.
아~ 네네
흐물
흐물
하하하, 그렇죠?
오르막이 평소보다 좀 쉽게 느껴져!
#기
휙
아~ 정말이네. 어쩐지 뛰기 쉬워진 것 같아♡
휙
이런 포인트를 짚으며 언덕을 달리니까…
달릴 때 내 복근을 살짝 만져보세요.
악! 딱딱해!
그건 근육이 없어서 그래요.
하하하
예?!
다카기 씨의 달리기를 보면 확실히 배 주위가 흐물흐물하게 좌우로 흔들려서 잠기지 않은 느낌이에요.
한번 멈춰서 저기서 복근운동을 해볼까요?
벤치
시끌
시끌
디~잉
……
참쌀떡처럼 부드러움.
흐물
흐물
……
달릴 때엔 사실 이 정도로 복근을 쓰는 거예요.

복근을 써서 달린다는 느낌을 알겠죠?
그렇죠!
어라? 왠지 배에 힘이 들어가게 된 것 같아요!
흔들리지 않아!
그러고 나서 다시 달리기 시작하니까…
그리고 잠시 복근운동을 하고…
자, 하나 둘 셋!
완전 못함
끙~
난 전혀 성실하게 몰두하지 못했다.
끙차
끙차
복근운동은 잘 못하니까 일단 스쾃만 하자고.
하지만 덕분인지 무릎은 아프지 않게 되었음.
생각해보면 달리기 시작했을 때 책에서 근력운동은 효과적이라고 읽어서 알고는 있었지만….
복근을 단련하면 다카기 씨는 더 빨리 달릴 수 있게 될 거예요.
두 두 두 둥
그래요, 긴 선생님은 매년 호놀룰루 마라톤에 참가하시기 때문에 현지에서도 다시 만날 예정이에요.
네!
그럼 다음은 호놀룰루에서 만나요!
조금 후회도 하면서 이날의 코칭도 끝!
수고하셨어요!
조금 더 열심히 했더라면 지금쯤 더 잘했을지도 몰라…
감사합니다~

마지막 마무리 달리기를 해보기도 하고….
영차
영차
늦었지만 근력운동을 열심히 해보기도 하고…
끙~
그리고 호놀룰루가 눈앞에 닥쳤을 무렵
창업 메이지 원년 전통과자 란란
출렁거려서 마음에 안 들었던, 페트병이 들어가는 허리 색은 결국 그다지 쓰지 않게 됐다.
찰랑
철렁
맛있어
와~
사쿠라 떡
그후 달리기 도중에 목이 마르거나 배가 고플 때엔 가다 서서 먹고 마셔도 된다는 '사 먹으며 달리기' 라는 것도 개발했어요.
그런데 얼마 전에 먹은 고기찐빵이랑 단팥찐빵이 정말로 맛있었던 지라 ….
Let's go!!
HAWAII
이리하여 마침내 결전의 땅 호놀룰루로 여행을 떠났던 겁니다.
휴대식에, 허리 색에, 아이팟에, 상비약하고 일본음식….
수영복에, 선크림에, 갈아입을 옷이랑 타월, 샌들~.
음~ 옷에, 신발에, 엔트리카드에, 모자에, 양말에, 반창고에…
카메라에~
가이드북에~
그리고 허둥지둥 짐을 싸고 …
짐 많음!

Q. 달리려고 한 날에 꼭 비가 와요. 비오는 날에 연습은 안 하는 게 나은가요? 

A. 웬만큼 추운 날이 아니라면 비오는 날에 달려도 악영향은 별로 없습니다. 방수성이 있는 모자를 쓰고 방수 러닝 웨어를 착용하면 괜찮아요.

Q. 연습에서 풀 마라톤 거리까지는 못 달렸어요. 다짜고짜 실전에 나가도 괜찮을까요?

A. 걱정하지 마세요. 초심자의 대부분은 트레이닝의 단계에서 풀 마라톤의 거리를 뛰는 일은 없습니다. 30km를 달리는 사람도 적고, 거의 20km쯤입니다. 계속 트레이닝을 했다면 기초체력이 되어 있기 때문에 그대로 실전에 나가더라도 자신을 가지고 달리세요.

Q. 연습 중에 배가 고프면 뭘 사 먹으면서 달려도 괜찮을까요?

A. 긴 시간 동안 **LSD**를 하면 그런 경우도 있겠죠. 돈을 가지고 있다면 편의점 등에 들러서 사 먹으면서 달려도 상관없습니다.

Q&A 긴 선생님 가르쳐주세요!

나오코가 마라톤을?!
엥?!
풀 마라톤에 나간다고 부모님께 말씀 드렸더니 …
그 반에서 가장 발이 느렸던 나오코가 말이야~.
설마 나오코가 마라톤에 흥미를 가지게 될 줄이야~.
앗!
더 느린 사람도 있었어요!
울컥
잠깐, 아무리 그래도 반에서 가장 느린 정도는 아니었잖아요!
울컥
그 반에서 두 번째나 세 번째로 발이 느렸던 나오코가 말이야~.

42.195km에 도전하자

※로코모코: 쌀밥 위에 햄버그와 계란을 얹고 그레이비소스를 두르는 하와이 요리

시끌 벅적 축제판!

그리고 일본사람 많음!

행사장 안에 들어가자 그곳은 이미….

마라톤 접수를 하러 갔어요.

번호표 같은 걸 받고 접수 종료.

호놀룰루 마라톤 한정 굿즈도 여러 가지 팔길래 기념으로 몇 개 사들이고 ….

덧붙여 나머지 두 사람은 멀쩡했어요.

내가 누워 있는 틈에 라멘과 만두를 먹으러 간 사람.

아무래도 점심에 먹은 로코모코가 안 맞았나 봐요.

호텔에 돌아온 후에 살짝 다운됐죠.

갑자기 위에 탈이 났어요.

…인가 싶더니….

이번에
우리는
개인여행으로
왔기 때문에
그런 특전은
없었지만요.

투어특전의예

★ 출전 접수 대행
★ 출발 전 강습회
★ 현지에서의 강습회
★ 코스 사전조사 투어
★ 출발&도착 지점에 데려다 주고 데리러 가줌
★ 도착 지점에 전용 텐트
★ 마라톤 당일 아침 도시락
★ 완주증 접수 대행
★ 완주 파티

등등…

보통
이런
코스의
사전
조사는
여행회사의
투어
특전으로
따라오는
경우가
많은데

그리고
이틀째에는
마라톤
코스를
조사하러
갔죠.

ABC

자, 바로 지금
이 장소가
내일 출발
지점입니다.

알라
모아나
공원
이에요.

곳곳에서
긴
선생님이
설명과
어드바이스를
해주세요.

사전조사 투어는
실제 코스를
버스로
다녀보는
건데요.

긴키일본투어리스트
Will TOUR

부─웅

knt!

그래서
하와이
에서
긴
선생님과
재회

안녕
하세요

잘 부탁
드려요.

긴
선생님이
인솔
하시는
사전조사
투어에
특별히
끼게
되었
어요.

그리고 저기 있는
술집엔 매년
주정뱅이들이
바깥에 나와서
응원해줍니다.

하
하
하

조금만 달리면
다운타운 근처에
예쁜 크리스마스
일루미네이션이
있으니까
달리다 보면
즐거워요.

출발 시간은
아침 5시니까
아직 깜깜할 때
출발하게
됩니다.

그런 사람도 그중에는 있겠죠.
전혀 연습도 안 했는데 다짜고짜 실전하러 왔어요♡
흉내는 내지 마세요.
역시 호놀룰루에서 풀 마라톤에 도전해보고 싶다는 동경을 가진 사람이 많은 모양이에요.
웬일로 처음 풀 마라톤을 뛰는 사람이 많았어요!
저요~
저요
네!
그런데 이번이 첫 풀 마라톤인 분은 얼마나 계신가요?
여러분은 꼭 전자처럼 달리셨으면 합니다.
같은 시간에 들어와도 크게 두 패턴이 있는데요, 하나는 자기 페이스로 끝까지 달린 사람이고, 다른 하나는 처음부터 너무 달려서 후반부에 페이스다운이 됐는데도 어떻게든 들어오는 사람이에요.
완주율은 놀랍게도 약 90%!
전부 걸어도 8시간쯤이고 작년 가장 늦었던 사람은 14시간대에 들어왔어요.
호놀룰루 마라톤은 제한시간이 없으니까 기권만 하지 않으면 반드시 들어 올 수 있습니다.
우와~
14시간?!
와~
다이아몬드헤드를 지난 이 근처가 15km 지점… 여기까지는 서두르지 말고 막 추월을 당해도 상관없어요.
여기까지 걸어도 될 정도예요
다리가 굽혀지질 않아…
Fini
sher
하지만 완주 티셔츠는 입고 있는 거죠!
많아요~ 다음 날 온몸이 아파서 좀비처럼 다니는 사람들이!
모처럼 하와이에 왔는데 다음 날엔 근육통으로 움직일 수 없으면 싫잖아요?
하하하
아하하
뿌듯
와하하

풀 마라톤은 대략 30km를 넘은 곳에서부터 갑자기 피로해집니다.
35km를 지난 이 부분에서는 거의 모든 사람들이 지쳐서 걷게 됩니다.
힘을 남겨두면 이곳에서 팍팍 앞지를 수 있죠.
30km 지점을 중간점이라고 생각해두는 게 좋아요.
30km의 벽이라고 합니다.
도착 지점에 내려서 가볍게 스트레칭.
자 하나 둘 셋
이렇게 여러 가지 도움이 되는 어드바이스를 들은 후에…
자신의 힘을 과신하지 말고 페이스를 지키고 끝에는 기분 좋게 라스트 스퍼트를 해주세요.
하 하 하
FINISH
JAL
JAL
HONOLULU MARATHON
FINISH
무사히 빠져나갈 것인가?
내일 나는 저 골 게이트를…
자, 다음은 목운동~
Potato Salad
…
부—웅
붕

※돈키호테: 일본의 대표적인 대형 프랜차이즈 할인점.

아무튼 내일은 이른 아침 출발에 맞춰서 무려 1시 반 기상!
재빨리 취침.
이렇게 안심이 되는 저녁 식사를 하고 나선…
역시 이럴 때엔 일식이 제일 마음 편해.
왠지 우리 집에 있는 것 같아~.
와아, 맛있다!
냠
밥이 잘됐네요.
떨컹
떨컹
빠…
고오오…
만약 내일 이 비가 멈추지 않으면 어떻게 될까?
이 폭풍 속을 달리게 될까?
두구
두구
웬일로 밖에는 엄청난 비바람이 불었어요.
떨컹
떨컹
빠…
휘이이…
하지만 이럴 때 긴장돼서 좀처럼 잠이 안 오는 체질인 데다가…
태… 태풍 같아….
드디어 대회 당일입니다!
잘 잔 모양잉
크… 큰일 났다. 거의 못 잤어.
그리고 기상 시간!
나도 그닥…
삐리리리…
휘이이…
휘이
어서 자라~ 어서 자라~.
중얼중얼
부스럭
부스럭
응…
아… 아냐, 그런 것보다 일단 잠을 자야 돼!
부스럭

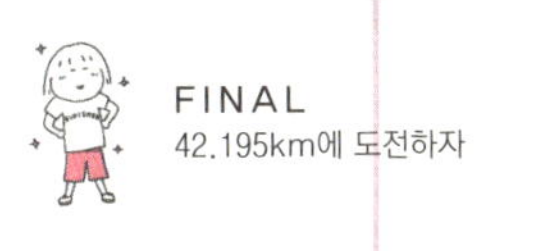

들뜬 사람들이 주로 찍는
기내식 사진

아담~하지만
편안해요 ♡

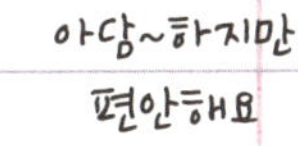

프런트에 있는
고양이

접수장에서는 여러 가지 부스에서
여러 가지 물건을 팔아요.

시끌
시끌

항상 여름인 하와이에서도 크리스마스 ☆

Photo
Gallery

일본 맥주도 팔아요!

흔해빠진
ABC 스토어
(편의점
비슷한 것)

ABC STORE ABC STORE

호놀룰루 마라톤 굿즈 구입

실전에서
열심히
하겠어!

여기저기에
달리기를 하는
사람들이
있어요.

이런 짧은 바지를 입을 수
있을까?

나물이 좍~

맥주를 상자째 삼

돈키
호테에서
여러
가지
장보기

그 이름도
'반찬가게'

스팸 초밥으로
아침 식사를….

일본에서 가져온
낫토국

ABC스토어에서 파는
스팸 초밥

멕시칸 레스토랑에서 받은 풍선 모자

하와이
라고는
생각할
수 없는
식탁
풍경.

짜잔~!
일본에서 가져온 것들

런런 일지
호놀룰루 공항 도착
호놀룰루 마라톤에 참가하시는 분들의 건투를 빕니다~!
비행기에서 착륙했을 때 나온 안내 방송
승객 중 참가자들 천지
Arrival
없어
어, 어라…? 이런 사람 없어?
알로하~
하와이!!
하와이!!
이런 사람이 많음
몸은 통통해도 다리는 가느다란 하와이 아저씨
툭툭
삐~ 삐삐삐~
노리코 씨
꺅~
짠
짠짠
다른 손님들
이상한 기차놀이 같은 것이 시작되고 노리코 씨가 주방으로 끌려갔다.
갑자기 이상한 풍선 모자를 덮어 씌우고 …
Yeah!
Senor Frog's
와
멕시코 요리 가게에 갔더니만 …
꿀꺽
노리코 씨~
Yeah!!
가게 사람이 찍어준 기념 사진.
누가 누구지? ?

124

LEY $3
으
하하하
처음 하와이에 왔을 땐 저런 게 가지고 싶지.
삐~ 삐삐
마카다미아 맛있다 ♡
새가 다가옴
잠깐 나갔다 올게요 ♫
쌩쌩
밤이 되면 가토 씨는 어딘가로 사라짐.
먼저 자고 있을게요~
같이 사진 찍어주세요~!
책 읽고 있어요!
FINISH
와- 긴 테츠히코 씨죠?!
사전조사 투어 때 도착지점에서 주자들에게 둘러싸인 긴 선생님.
앗싸~
와
깍
깍
유명인이야.
긴 선생님 인기인이네.
앗, 긴 선생님 이다!
아아~ 내일 지금쯤은 어떻게 돼 있을까?
대회 전날 밤.
설마 아직 뛰고 있진 않겠지? 허걱~!
두근 두근 두근
이러면 잠 못 자는 사람.
유학 경험 있음.
술술
덧붙여서 영어 실력....
영어 회화 학원에서 공부했음.
일상회화 정도 됨.
중학 1학년 수준.
아으~ 아~
그 이하일지도....

소화에 나쁜 육류나 섬유소가 많은 채소류 등은 NG.
우물
우물
우물
후리카케
오챠즈케
레이스 전의 식사에는 소화가 잘되는 탄수화물을 추천한다고 해서 먼저 어젯밤에 남은 것들로 제대로 아침밥을 먹었어요.
대회 당일 오전 2시.
선크림과 바셀린을 제대로 몸에 발라요.
그리고 몸단장.
JAL 550073
JAL 50980
쓱
쓱
바셀린
우걱 우걱
어제 슈퍼에서 샀음
과식?
노리코 씨가 일본에서 가지고 왔음.
에너지원에 최적이라고 하는 카스텔라, 왕만두, 바나나도 디저트로 먹고….
어쩌지? 엄청 무거워졌어~!
빵빵
너무 욕심을 내면 무거워요.
음~ 파워젤에 소금 사탕, 말린 매실하고 벌꿀 사탕… 반창고에 티슈에 일단 돈도 조금 가지고….
그리고 또 카메라도 가지고 가자.
JAL
그다음엔 레이스 중에 필요한 것을 허리 색에 구겨 넣고 준비 완료.
비를 튕겨내는 방수, 방한의 효과도 있음.
일본약국방 흰색 바셀린 50g
약국에서 팔아요.
바셀린은 피부가 스치기 쉬운 곳에 바르는데 옷이나 운동화, 허벅지 사이가 마찰되는 것을 막는 효과가 있어요.

우르르
와아아
두근 JAL 두근
드디어 전투가 시작 되는구나 하는 느낌이 떠돌고 있어서 기분도 들뜨기 시작했습니다.

줄줄줄
줄줄줄
줄줄줄
와아!
그동안 비도 가늘어졌고 호텔을 나가자 큰길에는 마찬가지로 출발 지점으로 가는 주자들의 살짝 유별난 광경이….

웅성 웅성
꽉!
와
이리하여 30분쯤 걸어가서 출발 지점에 도착하자 그곳에는 이미 사람들, 사람들, 사람들!
서브 파이브란 … 5시간 안에 완주하는 것.
서브파이브가 가능하면 좋겠다.
두근 두근
그런데 이렇게 첫 풀 마라톤에 도전하는 제가 노리는 목표 시간은 5시간 안으로 뛰는 것.

임시 화장실
주욱~
화장실에 왕 긴 줄!
악~!
출발 전에 화장실을 갔다 오려고 했더니만 ….
웅성 웅성 웅성
우꺄!
파워 업 ♥
그리고 이곳에서도 또 한바탕 바나나로 배를 채운 후 ….

맨 끝이라서 출발 신호가 안 들림.

START
느릿
느릿
스타트 게이트를 빠져나가는 데도 상당히 시간이 걸려요.
참가자가 2만 명이 넘는 대회.
이… 이제야 겨우 스타트 게이트 비슷한 게….
좀처럼 앞으로 나아가질 않아요.
응성
응성
어라?
조
응
… 했는데
당황하지 말고 천천히 가자.
주변에 흘러가지 말고 자기 페이스로!
JAL 55705
그래, 갈 길은 멀어….
자아, 이제부터 42.195km의 긴 여행이 시작!
START
ya~
왓
그럼 도착점에서!
good luck!
JAL 55705
그리고 20분쯤 지났을 때 겨우 게이트를 빠져나갔고 ….
카메라를 가져오길 잘했어~!
거추장스러웠지만
JAL 3963
JAL 55 05
모처럼 봤으니 기념 촬영.
4km 지점
와아!
조금 뛰니까 크리스마스 일루미네이션이 예쁜 길로 나왔어요.

허걱~.
8km 지점
와이키키의 메인 스트리트를 달릴 때쯤엔 비도 본격적으로 ….
와앗, 카메라가 젖어!
하지만 그 후에 비가 흩뿌리기 시작해서 …
이런 일도 있을까 해서 지퍼락을 가져왔음.
와앗!
다 타 타 …
비 때문에 길에 강처럼 물이 흐름.
다이아몬드 헤드 해안을 달리는 오르막에 들어갔어요.
9.5km 지점
꿀꺽
물과 스포츠 드링크 있음.
비도 오고 해서 목이 그다지 마르진 않지만 급수소가 있으면 가능한 한 착실하게 수분을 섭취하려고 신경 쓰면서 ….
다이아몬드헤드
추충
훗
파워 젤
860
15km 지점
이리하여 다이아몬드 헤드를 통과할 무렵에는 드디어 비도 그치고 주변도 밝아졌어요.
손은 아래쪽에서 흔들고….
몸은 구부리지 말고…
취약한 오르막 에선 얼마 전에 긴 선생님한테 배운 것을 생각하면서 …
붕 붕
붕 붕

계절이 계절이라 많았음.
산타도 있고…
메이드도 있고…
훈도시 하나 걸친 사람도 있고…
도라에몽
다스 베이더도 있었음.
와앗, 피카추!
밝아지고 나서 새삼 주변을 둘러보니 여러 가지 차림을 한 주자들이 있어서 즐거웠어요.
그리고 약 7km나 계속되는 긴 하이웨이 존으로 돌입.
쟝 쟝 쟝
쟝 쟝 쟝
쟝 쟝
휘익
남쪽 섬답게 길가에선 흥겹게 라이브 밴드가 연주하고…
뭐, 신경 쓰지 않고 묵묵히 달립니다.
사탕이라도 먹을까?
이 하이웨이는 긴 데다가 경치도 단순하고 응원도 적어서 그다지 재미는 없었는데요.
쓱
JAL 55705
후~
빠… 빠르다.
이쪽은 18km 지점.
헉
헉
이쪽 편은 34km 지점.
다 다 다
그런 하이웨이의 반대차선에는 벌써 반환점을 돌아오는 주자들의 모습이…

그렇게 피로하지도 않고 아직 한참 달릴 수 있을 것 같았어요.
벌써 하프까지 달렸어!
와아
JAL 55705
여기까지 열중해서 달려서 눈 깜짝할 사이 같았어요.
13마일 (1마일=약 1.6km) = 약 21km
13 JAL
오!
거리는 기본적으로 마일 표시 (5km마다 km 표시도 있음).
그러자 하이웨이 도중에 여정의 거의 반 거리를 통과.
이때 나는 어제의 어드바이스를 완전히 잊은 거죠.
야~
생각해요~ 생각해요~
30km 지점을 반이라고
JAL 5705
거기서 조~금 스피드를 올려보기로 했어요.
목표인 5시간을 끊기엔 너무 아슬아슬한 타임이라 ...
스타트 게이트를 빠져나오고 나서 약 2시간 반.
여기서 시간 체크를 해보니 ...
JAL 55705
GO!! GO!!
과일을 나눠주는 애도 있고...
지어걸도 있었음.
주민들도 왠지 살짝 우아하게 응원을 해줘요.
집마다 배가 있음.
25km 지점
우햐~
그리고 하이웨이를 빠져나오자 고급 주택가인 하와이 카이.

다리가
상당히
부어오른
느낌이
….

아야야….

길가
레일에
기대서
가볍게
스트레칭을
해보니
…

이 근처에서 스트레칭을 하는 사람이 많음.

160

7705

46646

인생 최장
주행 기록
갱신 중.

하지만
연습에서도
달린 적 없는
거리를
넘어가니
아무래도
조금
힘이
부쳤어요.

후우…

에
헤
헤…

910

JAL
55705

27km 지점

일단
조금 더
참고….

코스
중간
중간에
설치된
화장실은
다 줄을
서서….

음, 시간
로스가….

힐끔

그리고
사실은
아까부터
화장실에
가고
싶었
지만요.

하지만
그냥
팍팍
앞으로
나갑
니다.

바나나맛

짝
욱

JAL
5705

기분 전환을
하려고 파워젤
두 개째.

번쩍

이때쯤부터
햇빛도
세져서
기온도
급상승.

몸
왼쪽이
뜨거워.

JAL
55705

married

아직 가는 쪽으로
달리는 사람도
많음.

이리하여
또 길고 긴
하이웨이의
돌아가는
코스로
진입
했어요.

얏호~
스폰지도
얻었다♡
fight~!
A LOHA!
하아…
JAL
55705
탈수증에
걸리지
않도록
급수소가
있을 때마다
반드시
수분을
보충하면서
앞으로
나아가요.
그리고
마침내
주행거리는
30km를
돌파!
30k
JAL
이건 km
표시
30km라…
완전 미지의
세계네.
혁…
혁…
hey
samurai~!!
졸겠다~
수영하고
싶어.
하이웨이의
경치는
단조롭지만
때때로
예쁜
바다가
보이기도
하고….
비어 있는
화장실을
발견하고
화장실
문제도
드디어
해결했
어요.
텅 빈
화장실
이다♡
와
?
이리하여
길고
괴로운
하이웨이가
드디어
끝날
무렵.
혁…
혁…
JAL
55705
앗!
35km 지점
주자들
끼리도
얘기를
해보고.
와~ 처음으로
풀 마라톤을
한다고?
네
JAL
55705
JAL
5874

마침내 달릴 수 없게 되고 말았어요.
헉… 헉…
여기에서 피로가 피크에 달해서…
55705
비틀…
36km 지점
또 다른 라이브 밴드
Yeah
GO!!
Wao~
휙
You are Heroes!
헉…
헉…
하이웨이를 나가자 또 길가의 응원도 늘어나서 시끌벅적하게 즐거운 분위기가 됐지만요.
그리고 올려다보니…
헉…
레이스 중에 이렇게 아예 걷는 건 이게 처음이었어요.
헉…
헉…
705
봄에 달리기 시작한 후로 오늘까지…
fight~!!
GO!!
헉…
헉…
눈에 보이는 주자들은 거의 모두 이미 걷고 있었어요.

다리가
움직이질
않아요.

원통하지만…

.....

하지만
저도
완전
파워가
떨어져서….

35km를 지나면
거의 다들 걷고 있으니까
파워를 남겨두면
이곳에서 확확 앞지를 수
있죠!

100명이든
200명이든!

뭉게~

그러고
보니까 어제
긴 선생님이
그랬지.

말린 매실

그런 때에
다행이었던
것이 이것!

작은 봉지에
넣어서 가지고
있었음.

생각은 했지만
파워젤이나
사탕처럼
맛이 진한 것은
이제 먹고
싶지가
않아서…

혁…

JAL
5705

뒤적
뒤적

부스럭

뭐… 뭔가
에너지를
보급할까?

다시
천천히
달리기
시작해
봤어요.

혁…

느
릿

느
릿

조금
체력이
회복이
되어
…

하
나
더.

….

으
~음

딱 알맞은
시큼함과
염분이
지친 몸에
참 잘
맞았고

매실은 대단해.

JAL
557
HONOLULU M

…라는 말씀을 하셨지만…
벌써 ○○km나 달렸구나 하는 식으로 생각하는 게 마음이 편해요.
앞으로 ○○km나 달려야 한다고 생각하면 지치니까…
심리효과예요.
하 하 하
어제 긴 선생님은…
…라는 것.
앞으로 몇 km를 달려야 들어갈 수 있지?
이렇게 지쳤을 때에 신경 쓰이는 건…
하…
이 헤롱헤롱한 상태에선 암산을 할 수 없었어요.
그래도 괜찮아요 ♡
어… 어라라?
2×6이…
2×미 이…
?
뭐가 괜찮아….
기어이 계산하고 말았어요.
지금 23마일이라는 건 1마일은 약 1.6km니까…
23에 1.6 곱하고 그걸 42.195km에서 빼면….
헉…
헉…
23 JAL
이 근처에선 나도 주변 사람들도 모두 이미 필사적이에요.
헉…
헉…
낭녀노소 인종 구분 없이
화 르 르 르…
그리고 지친 몸에 치명타를 입히듯이 종반에는 완만하고 긴 오르막이 등장!
다이아몬드헤드 →
꺅

HONOLULU MARATHON
40K
JAL
오옷!
마침내 주행 거리는 꿈의 40km에 돌입 했어요!
그렇게 괴로운 오르막이지만 아름다운 바다 전망에 마음의 위로를 받으면서 힘내서 올라가자…
혁…
혁…
혁…
그래… 5시간 안에 들어가는 건 안 되는 거였구나.
쏠쏠~
이건… 힘이 가득 찼을 때의 나로서도 빡센 시간.
한마디로 남은 약 2km를 10분 안에 달리지 않으면 5시간 안으로 도착할 수 없죠.
스타트 게이트를 빠져나오고 나서 약 4시간 50분.
여기서 타임을 체크해보니…
55705
우에에잇!
필살 불난 데서 뛰쳐나가기 힘!
JAL 55705
그렇게 생각하고 마지막 힘을 쥐어짜서 라스트 스퍼트!
후회가 남지 않도록 안 되더라도 마지막까지 힘을 내서 달리자.
하지만… 봄부터 오늘을 위해서 계속 열심히 했잖아.
혁…
혁…

…하고 나 자신도 깜짝 놀랄 정도였어요.

난 아직 이렇게 달릴 수 있었어!

그 스피드는 확확 가속.

마침 코스가 내리막에 들어서기도 해서

씩

씩

화르르르~

헉…

헉

길가엔 많은 응원과 환성으로 둘러싸여 있었고…

와

와

와아아~

그리고 도착점이 있는 카피오라니 공원이 가까워지자…

하지만 어제 본 그 골 게이트가 보이게 되었고…

와

와

이미 너무나 필사적이었기 때문에 이 부분은 기억조차 흐릿해요.

FINISH

HONOLULU MARATHON

JAL

GO!!

You are Heroes!

헉…

헉…

FINISH
아아… 우아…!
끝났구나….
이리하여 마침내 골인!
JAL 555705
JAL 506
어쩐지 더 담담한 기분 이었어요.
정말로 끝났어….
끝났어….
그런 느낌도 아니라 …
JAL 557705
비틀
비틀
감동해서 울어 버리는 게 아닐까 생각했는데요.
우오오~ 해냈다~!
축 ♥ 완사
저는 골 지점에 들어왔을 때…
X-SMALL
I ♥
HONOLULU
thank you
완주 티셔츠를 받아들고 …
congratulations
thank you
조개 껍질 장식을 걸어 주고 …
JAL 5557
9006
골인 후엔 샤워 서비스가 있고…
JAL 55705

이건 어디까지나 선두 주자들이 스타트한 후부터의 시간 이에요.
FINISH
5:21:26
혁~
혁~
그런데 시간 말인데요, 들어 왔을 때 시계는 5시간 21분대 였는데…

잠시 동안은 다른 주자들이 들어오는 모습을 보고 있었 어요.
와~
사과랑 쿠키도 받았음.

하긴 스타트까지 20분 남짓 로스 타임이 있었던 것 같은데…
아무래도 5시간은 못 끊었으 려나.
그 정식 타임은 내일 완주증을 받을 때까진 몰라요.
이이잉…

스타트까지 걸린 로스 타임은 이 시간부터 뺄 수 있는데요.
START
출발&도착 지점에 센서가 있음.
삑
705
각자 타임은 각각 스타트 게이트를 빠져나갈 때부터 재기 때문에…
사람마다 신발에 센서를 캐치하는 칩을 붙여놨음.

서로 골인한 걸 함께 기뻐했어요.
앙~ 오래 걸렸어.
들어 왔어
다행 이야~
꺅
꺅
아하하

이러저러 하고 있는 사이에 마찬가지로 무사히 들어온 노리코 씨와 재회했 어요.
앗, 노리코 씨!
다… 다카기….
비틀…비틀…

이미
이때부터
몸
여기저기가
완전
아팠어요!

아아아
...

꺅~
아파~

둘이서
호텔에
돌아가기로
하긴
했는데
...

덜
덜

덜
덜

벌써 호텔에
들어와 있나?

으음...

...이러
기로
했다.

골인 지점에서 못
만나면 호텔에서 봐요!

그런데
잠시
기다렸는
데도
가토 씨는
못 만나서
...

어쩐지
이때
마침내
찡해졌네요.

Thank you!

...하고
지나가던
사람이
말을
걸어
줬어요.

꺅,
다리가

악

Congratulations!

평상시에
걸으면
15분 정도
되는 거리를
30분쯤
걸려서
후덜덜거리며
걷고
있는데
...

피
식

쿨
ㅡ

쿨
ㅡ

그리고
기절.

정말
너무
맛있다
...

KONA
BEER

베란다에서

일단
샤워를
하고
맥주를
마시고
...

역시
가토 씨는
아직 안 왔네.

이렇게
해서
호텔에
돌아온
후엔
...

가토 씨가
무릎에
얼음을
둘둘 말고
귀환했어요!
지금
왔어요.
하하하
앗,
가토 씨!
JAL
55073

…하고
그런
깊은 잠에
빠져
있었는데
똑 똑
똑 똑
웅찔
임마?!

어쩐지
무척
큰일을
당한 듯.
종점까지
가고 나서
택시를 불러서
겨우 호텔로
돌아왔어요.
어떻게든 걸어서
들어왔는데
걸어서 호텔까지는
올 수가 없어서
버스를 탔는데
도중에서 잠이
들었고…
허걱~
5007J

그걸 감싸고
달리는 동안에
무릎까지
다쳐서…
구호텐트에서
얼음을 말아줌.
55073
출발 전에
다쳤던
갈비뼈가
완치되지
못했던
가토 씨는
…
아
야
야…

아
하
하
아
하
하
밤엔
근처
레스토랑
에서
뒤풀이
모임.

그런 점에선
역시 안심이
되겠다는
생각도
하면서
○○ 투어 전용
식사도
준비해
뒀습니다~.
STA
FF
수고했어요~.
이럴 때
투어로
왔으면
골 근처에
텐트를
치고
담당이
기다려주기
때문에…

그런 이야기도 듣고….

아파 가지고

와~

하지만 들어와서 신발을 벗었더니 발톱이 세 개나 빠져서….

으헉~

들떠서 산 머리 장식

와~

올해는 처음으로 5시간 안으로 4시간 45분 만에 들어 왔어요.

와, 대단하다!

부모님과 함께 매년 호놀룰루 마라톤에 참가한다는 가토 씨의 친구도 합류해서 …

어쨌든 엄청엄청 즐거웠나 봐요.

이것이 러너즈 하이라는 건가?

후반부가 되고도 행복해서 골인하는 게 아까워서 계속 달리고 싶었어♡

우루루

호놀룰루 마라톤은 계속 꿈꾸던 거라서 계속 즐거워서 어쩔 줄 몰랐어~.

한편 노리코 씨는 …

그걸 내가 먹어버려서 ….

엥?!

앗, 그러고 보니 코스 도중에 바셀린을 나눠줬잖아요.

계속 입에 넣고 달렸어~.

나는 샐러드맛 과자를 가지고 달렸어요.

난 후반부에 뻗어버렸는데 말린 매실을 먹으니까 좀 힘이 나서~.

앗, 나도 매실 가지고 있길 잘했어.

하하…

어쩐지 아메리칸 조크인가 하는 생각에….

그… 그치만 그거 아주 확실히 먹을 게 아니라고 써놨잖아요.

일본어로도….

음식이 아닙니다.

DO NOT EAT

자~

주걱에 묻혀서

하긴 코스 도중에서 레이스 하다가 어딜 다친 사람들을 위해서 바셀린을 나눠주던 부스가 있었는데….

이러저러해서 모두 추억은 각각 다르지만…

와하하, 그런 사람은 없다니까~!

그것 때문에 상당히 체력을 소모했어요.

속이 안 좋아졌어.

으엑

아메리칸 조크!

와~

크림인가 해서 핥아 봤더니 완전 맛없어서…

꺄하하

천천히 끝나갔어요.

이렇게 길었던 하루도

특별한 하루가 되었겠지 생각하면서…

분명히 오늘 달렸던 모든 사람들이

FINISHER
HONOLULU MAR 2008

Yeah!
BAR

꼬르르…

Ahaha

까하하

아하하

HONOLULU MARATHON COURSE MAP
약 7km로 길게 계속되는 하이웨이… 갈 때도 돌아올 때에도 여기를 지나요.
약 20km
kalanianaole Hwy.
약 30km
Hawaii Kai
고급 별장지를 구경하면서 달려요.
35km를 지나 가장 힘들어지는 부분. 걷는 사람도 많아요.
착실하게 수분을 보급하고 즐겁게 달려요♥
55705

크리스마스 일루미네이션이 예뻐요.
Down town
Ala Moana
호텔이나 상가 같은 것이 줄지어 있는 시끌벅적한 길.
Wai kiki
오늘 묵은 호텔
START
아직 어두운 새벽 5시에 쏘아 올리는 불꽃과 함께 자, 출발!
약 10km
Diamond Head
약 40km
GOAL!!
수고 많았어요! 완주 티셔츠를 받는 것도 잊지 말아요.

Q&A 긴 선생님 가르쳐주세요!

Q. 도중에 다리가 아파지면 어떻게 하면 되죠?

A. 통증이 생긴 경우엔 한번 멈추고 스트레칭을 하고 단단해진 근육을 풀어줍니다. 또 상반신의 근육도 늘려서 한번 몸을 리셋하는 것도 좋아요. 통증이 있는 부분에 물을 뿌리고 체온을 낮추는 것도 한 방법입니다. 무리해서 아픈 다리를 가지고 균형을 무너뜨리는 달리기를 하지 마세요. 그대로 계속 달리면 반드시 다른 부위도 아파집니다.

A. 초심자인 경우 목이 마르기 전부터 착실하게 급수를 받는 게 안전합니다. 또 풀 마라톤에서의 에너지 공급은 공복감이 느껴지기 전에 해놓으면 에너지가 끊어지는 것을 예방할 수 있어요.

Q. 공복이나 갈증을 느끼지 않아도 착실하게 에너지와 수분을 보급하는 게 나은가요?

A. 먼저 아이싱입니다. 얼음으로 다리 전체의 근육과 관절을 식혀주는 것도 좋고, 풀에 담가서 식히는 것도 좋아요. 또 냉수 샤워도 효과가 있습니다. 어느 정도 식히고 천천히 시간을 들여서 스트레칭을 하고 소염 진통제를 근육에 발라두면 근육통이 어느 정도 완화될 수 있습니다.

Q. 다음 날 이후의 근육통을 약화시키기 위해서 골인 후에 해둬야 할 일은요?

카스텔라!
떡!
구운 연어!

아미노산

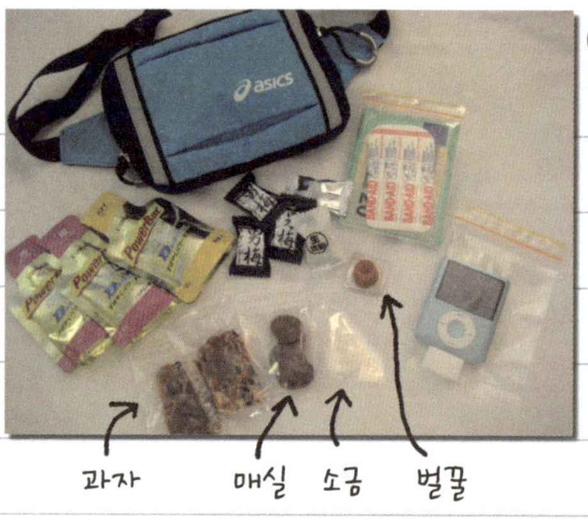

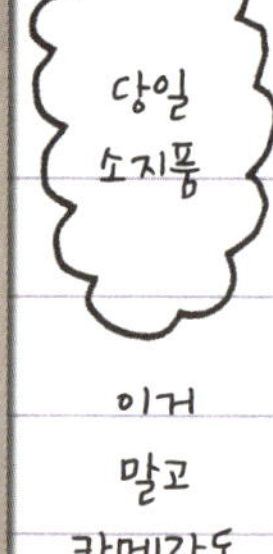
당일
소지품

이거
말고
카메라도

과자   매실 소금 벌꿀

Photo
Gallery

화장실을 기다리는 긴 줄….

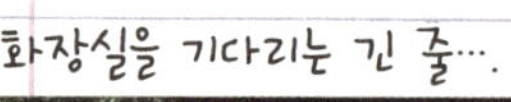

……

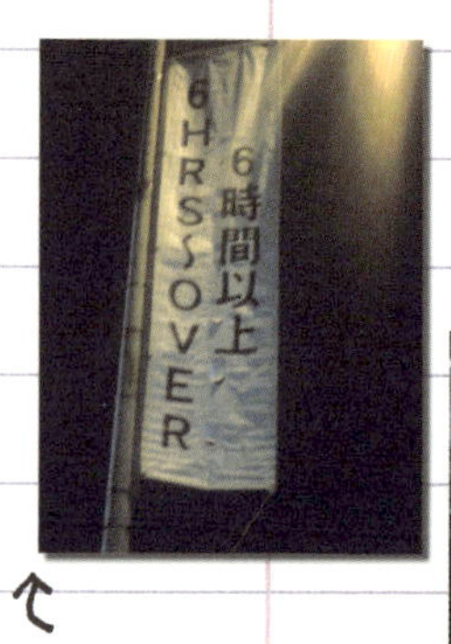

↖
출발은 자기 신고 타임
순서로 줄을 서요.

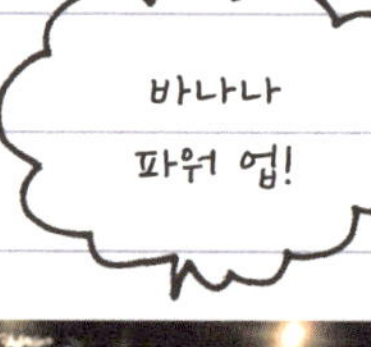
바나나
파워 업!

우비 주자도
많았어요.

급수소다
♥

어차피 스트레칭을 할 거면 경치 좋은 곳에서….

바다가 보이면 힘이 나요!

비가 그치니까 이번엔 더움.

샤이어 인?

음… 도라에몽?

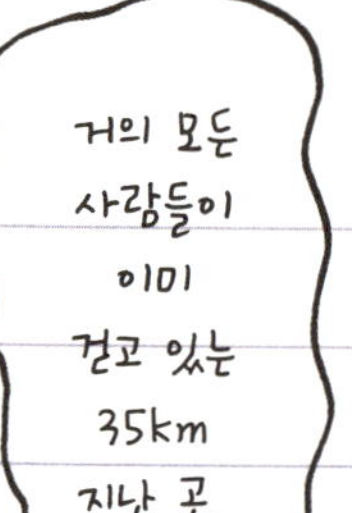

해냈다~
40km
돌파!

비틀
비틀…

← 이걸 봤을 때 진심으로 기뻤어요.

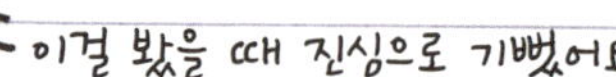

헉…
헉…

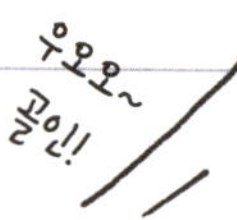

우오오~
골인!!

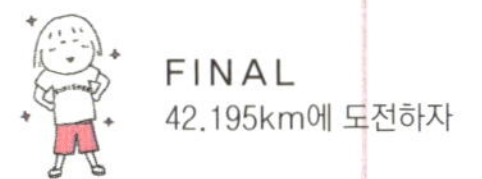

달리고 나서 바로 쿠키를 먹으니
목이 말라서 힘들어요.

들어온 다음에 하는 샤워♡

Photo
Gallery

바로 입고 가는 사람도 많아요.

골인 후엔 맥주가 온몸으로 스며들어요.

완주자의
증거
완주
티셔츠

키홀더

런런 일지
그날 목격한 여러 가지 분장을 한 주자들~ ♡
웨딩드레스
에네르기파 대왕
왠지 이런 사람
스모 선수
귀여워 ♡
곰돌이도 데리고 →
롤리타 같은 사람
살금 살금
닌자 햄토리
드래곤볼
볼도 가지고 있음
기모노 & 게다
딸각 딸각
카메라 제작진
와-
와, 카메라다
누구야, 누구?
가끔씩 연예인 같은 사람이 뛰고 있음
비가 섞이면 맛이 없어 진다고 함
급수소의 물이 맛없어...
으엑-
전반부에 비가 왔기 때문인지...
지쳤다가도...
헉
찰칵 찰칵
살짝 여유 있는 척했다....
반 듯
후 후 후...
찍어준 사진은 나중에 인터넷에서 살 수 있음.
찰칵 찰칵
카메라 포인트를 발견하면...
앗!

급수소에선 현지 아이들도 많이 나와서 애를 썼어요.
깨하하
와하하
물~!
물~!
달리면서 동료들 생각도 문득 하고...
혁 혁
혁...
노리코 씨, 가토 씨는 지금쯤 어디에서 어떻게 돼 있을까?
잘하셨어요~!
골인 후에 현지 여고생(?) 들도 예뻤어요♡
사과&쿠키
이 풍선 아래에서 → 받을 수 있음.
으으... 티셔츠.
골인 후 티셔츠를 받으러 가야 하는데 거기까지 걸어가는 게 힘들었어요.
비틀
비틀
살짝 멀다
으...
비틀
비틀
WC
짜릿
누가 화장실에 갈 때마다 빵 터졌죠.
(다들 이렇게 됨)
아파...
뒤풀이를 한 가게는 화장실이 계단 위에 있어서...
짠~
으헴!
FINI SHER
덜
덜
덜
깔깔깔
아하하

정장
그... 그렇 다녀 올게요.
하지만 완주증을 받으러 가야 한다는 사명이 있어서 아침부터 힘을 내서 외출했어요.
물론 이 두 사람도
앙~
비틀
비틀
우우욱?
어제 보다도 몸은 더 삐걱삐걱!
인생 최고의
근육통
호놀룰루 마라톤 다음 날.
무릎이 아픈 가토 씨는 집을 보기로
부탁해요~
깍~
거기까지 걸어가는 것이 너무나 힘든 작업.
정신을 놓으면 무릎이 푹 꺾임.
푹
깍
꺄아아~ 아파서 계단을 못 내려 가겠어.
혁
부들
부들
완주증은 어제 도착한 카비오라니 공원에서 받는 건데요.
뒤뚱
뒤뚱
정신차려...
FINI SHER
ABC
질질
그리고 큰길에는 마찬가지로 살짝 움직임이 이상한 사람들이 많았어요.

단련하고 있는 사람은 역시 대단 하구나 감탄 하면서 …

어떻게 저래?

헉~

하지만 그중엔 벌써 조깅을 시작한 사람도 있었고 …

탁탁

나도 어엿한 좀비인 주제에 어쩐지 웃기더라 고요.

좀비가 잔뜩 있죠!

다음 날 거리에는 완주 티셔츠를 입은

와 하 하

쓰레기통

….

번쩍

Finisher Certificate Pick-up
완주증 받는 곳

역시 5시간은 안 됐겠지~.

완주증을 받는 줄에 서 있는 동안엔 살짝 두근두근.

덥다…

두근 두근

어떻게든 해서 카비오라니 공원에 도착 했어요.

시끌 시끌 시끌

그 결과는 말이죠 …

자요~

ccH… 땡큐.

이런 작은 기대를 품고 완주증을 받아들었는 데요 …

오차 같은 것도 있었다면 어쩌면 혹시….

중얼중얼…

하지만 사람이 너무 많아서 스타트 게이트를 빠져나간 시간을 잘 모르겠고 …

그리고 노리코 씨는 5:23:14.
와~ 완주증 이다.
보물♥
가토 씨는
6:58:25
…였어요.
으으… 딱 1분 5초.
아깝다… 역시 아주 조금의 차이로 서브파이브는 달성할 수 없었어요.
짜잔~
2008 HONOLULU MARATHON
FINISHER
On December 14, 2008
Naoko Takagi
Completed the 36th Honolulu Marathon in the time of
5:01:05
Shinsuke Takato
Wesley Oda
Toshihiro Chijiwa
Ward Cullen
Hideaki Otsuka
Naoko Takagi
Shirley Akamine
Sam pope
Atsushi Nakama
Hideaki Yamamoto
Scott kamiya
Meyers
5:01:05
5:01:06
5:01:06
5:01:06
5:01:06
5:01:
5:01:
5:01:
앗! 있다♡
이 신문엔 어제 골인한 사람들 전원의 이름과 시간이 실려 있어요.
시끌 시끌
어디 보자.
공원에선 현지 신문도 나눠주고 있었는데…
JAL 39801
2008 JAL HONOLULU MARATHON FINISHER
덧붙여 신문에 의하면 난 완주자 20054명 중에서 606등 이래요.
나도 있어~.
HONOLULU MARATHON FINISHER
뭐 오늘은 순수하게 골인할 수 있었던 것에 기뻐하고 싶네요.
그때 걷지 않았 더라면~
이라 든지 …
좀 더 근력운동을 열심히 했다면~
같은 거요.
나중에 돌이켜보면 여러 가지로 생각되는 부분도 있지만…

FINAL
42.195km에 도전하자

뛴 다음에 수고한 상으로!
오~ 좋네요!
레이스 다음 날에 분명히 근육통이 올 테니까 마사지 예약을 해두자~.
MF
그래~ 예약해 두자.
하와이식 로미로미 마사지 이거 어때?
하와이 가이드북
인터넷으로 예약할 수 있었음
이건 출발 전에 일본에서 예약해뒀던 건데요.

그리고 오후부터는 셋이서 근처 마사지 숍에.
아야야…
비틀
비틀

Lomi Lomi란 '문지른다', '압박한다'는 의미
Hawaiian Lomi Lomi Massage
꾹 꾹
주물
주물
까아아악
괴로워하다 기절!
오일
특히 허벅지 근처를 만지면…
꾹
꾹
이것이 초근육통인 몸에는 무척 자극적☆
60분 $60
아프지만 기분 좋음 ♥

쿨
쿨
이날은 끝.
밤이 늦는 시간
파스

영차 영차
아야야…
$1
아야야…
Aloha shirt
그 후엔 근처에서 쇼핑을 하면서…

다.... 다녀올게요.
하지만 근성으로 간다!
조심하고~.
다녀오세요~.
가토 씨는 쉬고.
예상과 반대로 아직도 아주 한창 근육통을 앓고 있죠.
에코투어나 신청할까요?
모처럼 하와이에 왔으니까 자연도 만끽하자!
대회 이틀 후면 상당히 피로도 풀렸을 거야.
하와이
그리고 다음 날은 이것도 출발 전에 예약해둔 에코투어가 있었는데요.
무척 물이 차가운데도 뛰어드는 외국인.
야호~
콰콰콰...
헉ー
DANGER STOP!
어떻게든 무사히 올라가서 신비로운 폭포님도 뵈었지만...
열대우림
현지 가이드
야생(?) 닭
꼬끼오~
쌀라 쌀라 (영어)
뭔가 설명
투어는 산길을 하이킹 하면서 '마노아의 폭포'를 보러 가는 건데....
투어비는 $40 약 4시간
풀사이드에서 느긋하게 지냄 ♥
재밌었어요~.
폭포 어땠어요?
기절
이리 하여 이날도 끝.
힘내~.
으앙~ 내려가는 게 아파!
손 잡아 줄까?
높낮이차가 괴로워~!
이미 완전 계곡음
문제는 돌아오는 길.

본격적으로 관광 시작! 먼저 렌터카를 빌려서 …
Let's go !!
KTN 840

대회 사흘 후부터 겨우 근육통이 낫기 시작했기 때문에 …
와ー!
우오~ 멀쩡하게 움직일 수 있어!
그리고 다시 다음 날.
멀쩡하게 걸을 수 있어!
쭈그릴 수 있어!
아직 조금 아프긴 하지만…

노스쇼어 명물인 새우 요리
사람이 적은 조용한 바다에서 해수욕을 한 후에 해변의 레스토랑에서 맛있는 런치를 먹었어요.

와아~
오아후 섬의 북쪽 거리 노스쇼어 까지 드라이브♡
바다다, 바다!
꺄~

Nike Town
HONOLULU MARATHON 2008
호놀룰루 마라톤 굿즈가 반값이야!
쇼핑에 불타 오르기도 하고 …
SALE 50% OFF
사야 돼
꺅~ 큰일 났다!

하와이의 달콤한 핫케이크도 먹고 …
마이쪄… …
하와이안 오믈렛

그리고 나서 남쪽 섬의 크리스마스를 즐기기도 하고 …
남국 답다~.
예뻐

생각해보면
달려볼까 생각한 날부터
지금까지…

Haha
Oh!

와이키키
비치에서도
헤엄치고
이게 바로
하와이라는
경치를
바라보기도
하고
…

와~
첨벙?
꺄~
첨벙
아아,
하와이…

SPORTS
?
?

지금까지
경험한 적도
없었던
일들이…

마라톤

잔뜩…
잔뜩…

LSD!!

8km

파이팅!

지금은
살짝
자랑스럽
습니다.

1CH째

땀과 비와
진흙에
범벅이 된
러닝화가
…

2CH째

그리고
귀국.

또 올 수
있어~

괴로운 일도
잔뜩 있었지만
무엇과도
못 바꿀 추억도
잔뜩이었어요.

아아~
하와이
또 오고
싶다.

드르륵
드르륵

FINAL
42.195km에 도전하자
렌터카
하와이의 번호판은 무지개가 있음.
아침 노을 지는 다이아몬드헤드
MANOA FALLS TRAIL
열심히 갔던 마노아 폭포 투어
알로하~ 크리스마스
야야야…
하와이에서도 만두 & 맥주
Photo Gallery
달콤한 핫케이크 ♥
하와이의 라멘 사이민 ♥
노스쇼어의 새우

런런 일지

신경을
써서
천천히…
FINI
SHER
정신을
놓으면
무릎이
꺾임
완주 티셔츠는 이미
'나는 근육통을 앓고 있어요'라는
표시 비슷한 것일지도.

지금이
기회예요~
정원 언니
12년에 한 번
있는 엔고!
마침
갔을 때
엔고!
꺄~
싸다!
하와이의
비누
와
← 가장 돈을
많이 쓴 사람

근육통으로 괴로웠던 BEST ③
화장실
손잡이의
중요성을
알았어요.
화장실에서
앉을 때
아
야
야
…
3
조금만 더…
꺼거걱~
물건을
주울 때
$1
2
역시
이게
제일
힘들어!
계단을
내려올 때
느릿
느릿
1

앗
푹
아직
무리였어요.
어쩌면
이제 달릴 수
있을지도
몰라!
사흘이 지나
대략 근육통이
낫기 시작했고…

난 잠깐 놀고 올게~
그래요~
느긋하게 놀아요.
바다 쪽에 해달처럼 떠 있는 가토 씨
하와이의 바다에서 노는 그림
청벙
와하하
철썩
멍~
철썩
멍~
꿀꺽
꿀꺽
문질
문질
문질
멍~
2시간대로 달릴 수 있는 톱주자들은 대단해.
세상 생각하길... 그 거리를
아~ 재밌었어 ♡
우후후
슈트케이스 속이 밀수범 비슷한 분위기가 됐어요.
가루투성이
하와이의 핫케이크믹스를 너무 많이 사서...
거기다 비누도 많음
엇? 지금 그게 논 거예요?!
크허허...
일본에 돌아왔더니 체중이 늘었어요.
풀 마라톤을 뛴 주제에...

완전히
얼이 빠져
있었어요.

모든 걸
연소시키고 나서
허탈한 증세가
살짝 있었던
난…

호놀룰루
마라톤이
끝나고
새해도
밝은
무렵.

2009

2008

한편
노리코 씨는
그 후에도
성실하게
달리고
있었어요.

휘유우…

가끔씩은
조깅을 할까
생각하면서도
추워서
좀처럼
실행에
옮기지
못했고
…

스롸을
살짝….

대신에

한겨울

휘유우…

추운
거에
완전
약함

부르르…

이러저러고
있는 사이에
추운 겨울도
지나갔고
…

왜냐면
엄청난
경쟁률을
뚫고
완전
인기 높은
도쿄
마라톤의
출전권을
획득했거든요.

팬히터

웅

덜
덜
덜

조리퐁

우와~
대단해!

어쩌지?
나 당첨돼
버렸어!

응모했지만
허망하게 낙첨

응모한 사람은 약 26만 명!

이번 해 참가자는 무려 35,000명!

당첨 확률 약 7.5대 1!

와~

노리코

직접 만든 응원 플래카드

도쿄 마라톤 당일 노리코 씨의 용감한 모습을 보려고 친구 부부와 셋이서 응원하러 갔어요.

그리고 3월.

도쿄마라톤 2009

정말이지 도쿄는 큰 도시예요!

우동

와~

와~

와~

와~

와~

두 두 두 …

노… 노리코 씨 어딨지?

안 보여…

주자들의 수도 엄청나지만 길가에서 응원하는 사람들도 엄청나요!

cafe

어이~

노리코

아

15km 지점

코스 앞쪽으로 워프해서 핀포인트 응원.

좋았어! 지하철로 앞질러 가요!

노리코

그리고 도회의 특성을 살려 …

와

와

어이~!

찰각

찰각

앗, 노리코 씨다!

왠지 두근두근해 졌어요.
와
와
나 자신도 레이스 중에 괴로웠던 때를 생각해내고 …
하지만 거리가 길어지면서 점점 지친 표정의 주자들이 늘어났고 …
와
힘내라~
와
헉…
헉…
터벅
터벅
8460
25km 지점
3730
저도 주세요!
잘 먹을게요.
살았다!
오
043
39
37150
매실
주자들이 차례차례로 받으러 와줬어요.
받아줄까?
드세요
두 두 두…
소금 사탕
매실 사탕
뭔가 조금이라도 도움이 되고 싶어서 길가에서 사탕을 내밀어 봤더니 …
마침 갖고 있었음
그런 기분이 들었어요.
Thank you
드세요!
소금
마침내 그 사람들에게 조금이라도 은혜를 갚은 것 같은…
힘내라~
드세요!
GO
이봐, 정신 차려!
Fight~!!
저도 지금까지 여러 사람들의 응원으로 도움을 받으며 달렸고…

무척
힘들었
지만 ~
길가의 응원이
끊임없이
계속돼서
달리는데
정말 즐거웠어!
짝짝
축하해!
찰칵
찰칵
와~
헉…
헉…
비틀…
SAPATHON
42195
TOKYO
그런
악천후
속에서
노리코 씨는
호놀룰루의
기록을
10분
단축해서
훌륭하게
골인!
레이스
쪽은
후반부에는
날씨가
나빠졌지만
살짝
원통한
추억
이라든가…
해냈다~.
705
맛있어~.
조금만 더…
타임
역시
들어올 때의
감동이나
달린 뒤에
맛있게
먹는
밥이나
어쩐지
저도
무척
뛰고
싶은
마음이
들었어요.
우오오~
…
어서
맥주 먹고
싶다~.
그런 광경을
바라보는
사이에
…
뛰어
나갔
답니다.
목표는
마라톤!
전
동네
달리기를
하러
이렇게
다시
러닝화를
신고
이런 것
저런 것이
잊히지
않아서…

러닝 웨어

금방 말라요

러닝화

뭐니뭐니해도 얘들한테 감사해요.
왼쪽이 초대, 오른쪽이 2대째.

NIKE+ iPod

달린 데이터를 체크!

물주머니가 붙은 파우치

그냥 그랬음….

러닝워치

자… 잘 못 다뤄요.

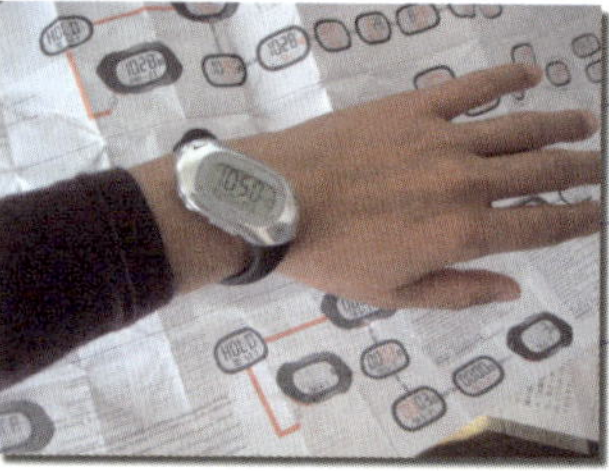

**세탁기에 'iPod 확인'
이라고 써 붙인 종이**

두 번 다시 빨지 않도록….

이웃 공원
지면이 흙이어서 좋다…
개나 커플이 있는 것도….

포상맥주
이 한 잔을 위해서 달린다….

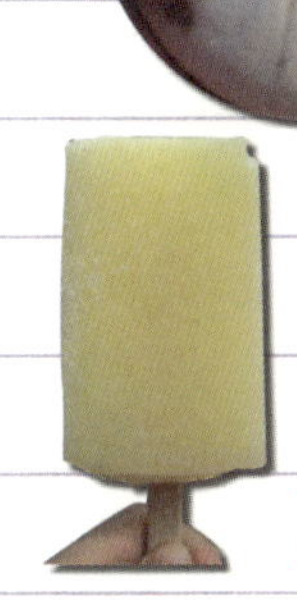

사 먹으며 달리기
고기찐빵, 버찌떡, 아이스바

도쿄 마라톤
다음엔 반드시…
포스터가 눈부셔요.

바셀린
먹는 거 아닙니다.

책과 잡지
많이 배웠어요.

응원 플래카드
만들었어요.

달리기 동료가 보내준 쌀
자필 일러스트가 들어감.
하와이에 가지고 갔어요.

후기

제 마라톤 도전 스토리를 끝까지 읽어주신 분들, 정말로 감사드립니다. 전 운동신경도 근성도 없고, 뭔가 시작해도 작심삼일일 때가 많은 사람이지만 어떻게든 풀 마라톤을 완주할 수 있었어요.

어렸을 때 체육 수업에서 마라톤을 시켰을 때엔 힘들고 지루해서 애들보다 늦었고 '정말 마라톤 따위 싫어!'라고 생각했었는데, 어른이 되어서 스스로 마라톤을 해보니 자기 페이스로 느긋하게 생각하면서 달릴 수 있고 남녀노소가 함께 즐길 수 있는 스포츠인데다, 마라톤은 '운동신경이 없어도 할 수 있는 스포츠'라고들 하니 민첩성이나 유연성 그런 것이 거의 없는 거나 마찬가지인 저에게 있어선 상당히 잘 맞는 스포츠인 것 같았습니다.

그리고 저는 무슨 일이든 막바지에 몰리지 않으면 안 하는 타입인데요, 여러 대회의 예정을 이미 잡아버렸으니 그걸 위해 힘내자는 스타일이 맞았던 것 같아요. 이제 곧 하프 대회가 있으니까 제대로 연습을 해야지, 하는 식으로요.

그리고 역시 중요한 포인트로는, 달린 후의 밥(과 맥주)이 너무나 맛있다는 거죠. 그걸 한번 맛보니 이제 또 한 번 달리고 다시 맛보고 싶어져요. 조금 중독이려나요? 이것 때문에 달릴 수 있었다, 뭐 그런 거죠.

그렇기는 해도 혼자 힘으로는 도저히 풀 마라톤의 완주까지는 할 수 없었을 거예요. 함께 달려준 동료, 응원해준 사람들이 제게 커다란 힘을 주었어요.

마지막으로 함께 달려준 노리코 씨, 가토 씨, 여러 가지로 지도해주신 긴 데쓰히코 씨, 응원해주신 주변 사람들, 그리고 여러 가지 대회를 음지에서 애써주신 스태프와 자원봉사자 여러분, 길가에서 응원을 보내주신 많은 분들께 진심으로 감사드리고 싶어요.

다카기 나오코

마라톤 1년차

펴낸날	초판 1쇄 2014년 10월 24일
	초판 3쇄 2019년 11월 1일
지은이	다카기 나오코
옮긴이	윤지은
펴낸이	심만수
펴낸곳	(주)살림출판사
출판등록	1989년 11월 1일 제9-210호
주소	경기도 파주시 광인사길 30
전화	031-955-1350 팩스 031-624-1356
홈페이지	http://www.sallimbooks.com
이메일	book@sallimbooks.com

ISBN 978-89-522-2910-6 17690

※ 값은 뒤표지에 있습니다.
※ 잘못 만들어진 책은 구입하신 서점에서 바꾸어 드립니다.

이 도서의 국립중앙도서관 출판예정도서목록(CIP)은 서지정보유통지원시스템 홈페이지
(http://seoji.nl.go.kr)와 국가자료공동목록시스템(http://www.nl.go.kr/kolisnet)에서
이용하실 수 있습니다.(CIP제어번호: CIP2014026971)